KURSÄCHSISCHE WANDERUNGEN

11

1 Der Prießnitz-Wasserfall (Historische Aufnahme)

HANS-HEINRICH THIELE

WANDERUNGEN
DURCH DIE
DRESDNER HEIDE

HELLERAU-VERLAG DRESDEN

Bildnachweis

Archiv des Autors: S. 2, 15, 23, 31, 53
Archiv des Verlages: Umschlag, S. 7, 11, 15, 22, 25, 29, 33, 35, 39, 41, 43, 49, 51, 56, 59, 65, 68-69, 72

1. Auflage 2002

Gesetzt in der Garamond und hergestellt von
Pöge-Druck Leipzig-Mölkau
ISBN 3-910184-82-0

Allgemeine Einleitung

Dresden gehört heute zu den Großstädten in Europa mit dem größten Grünanteil. 64% der Stadtfläche sind Wald- und Grünfläche. Den Hauptanteil daran bringt die Dresdner Heide ein, die seit 1949 administrativ zum Stadtgebiet gehört. Dieser Umstand führt dazu, daß Dresden im Flächenvergleich der deutschen Großstädte an vierter Stelle liegt und somit größer als München ist, andererseits aber im Bevölkerungsvergleich nur an 15. Stelle steht. Innerhalb der Großstadt gehört die Dresdner Heide, bei den Dresdnern kurz die Heide genannt, zum Ortsamt Loschwitz, dem sie die Einwohnerzahl pro Quadratkilometer auf 264 Einwohner pro km^2 »verdünnt«, während das südöstlich angrenzende Blasewitz auf die Zahl 5219 kommt.
Während frühere Generationen der Großstädter die nachbarliche Dresdner Heide bestenfalls als Wirtschaftsraum für Holz und Jagden oder als Wasserreservoir für die Stadtwasserversorgung akzeptierten, ist ihr unersetzbarer Wert als Erholungsgebiet in Großstadtnähe seit Ende des 19. Jahrhunderts, spätestens jedoch seit Mitte des 20. Jahrhunderts allgemein anerkannt.
Mit einer Gesamtfläche von etwa 5 350 ha gehört die Dresdner Heide zu den beliebtesten Nahausflugszielen der Landeshauptstadt Dresden und ihrer dicht besiedelten Umgebung. Sie ist annähernd 16 km lang von Ost nach West (Radeberg bis Oberlößnitz) und erstreckt sich durchschnittlich 7 km von Nord nach Süd. Die Heide dehnte sich einst im Zuge des alten Grenzwaldes zwischen Elbtal (Gau Nisan) und der Lausitz (Gau Milska) aus. Heute wird die Dresdner Heide (im engeren Sinn) im Westen von der Königsbrücker Landstraße, im Norden von

der Weixdorfer und Langebrücker Flur, im Osten von der Radeberger und Ullersdorfer Flur, im Süden von den Stadtteilen Weißer Hirsch und Bühlau begrenzt. Das Waldgebiet reichte früher bis zu den Wäldern des nordwestlich gelegenen Moritzburger Friedewaldes, der nördlich anschließenden Laußnitzer Heide, dem östlich angrenzenden Carswald und den Restwaldflächen nördlich von Pirna. Im 12. und 13. Jahrhundert erhielt der Heidewald im wesentlichen seinen heutigen Umfang. Nur zum Stadtgebiet war der Wald an die heutige Neustadt Dresdens näher herangerückt.
Die Dresdner Heide hat im 19. wie im 20. Jahrhundert starke Flächenverluste erlitten: in der ersten Hälfte des 19. Jahrhunderts durch das Entstehen der Antonstadt und die Abholzung des Hellers als Exerzierplatz, durch die Kasernenbauten der siebziger Jahre des 19. Jahrhunderts mit rund 1000 ha Waldfläche insbesondere durch die Gefechts- und Schießstände, durch den Bau der Eisenbahnlinie Dresden-Görlitz 1845 und den der Linie Klotzsche-Königsbrück 1884 und durch den Ausbau von Klotzsche-Königswald seit dem Ende des 19. Jahrhunderts. Im 20. Jahrhundert waren es die Gründung der Gartenstadt Hellerau 1909 mit der späteren Errichtung der Landesschule, in den dreißiger Jahren der Bau der Autobahn Berlin-Dresden und der der Neubauten auf der Höhe hinter dem Wilden Mann und an der Neuländer Straße, wobei ersteres zur Abtrennung der heute etwa 400 ha großen Jungen Heide führte, weiterhin die Errichtung neuer Kasernen westlich der Eisenbahnlinie Dresden-Görlitz, der Bau einer Plattenbausiedlung in der Höhe des Fischhauses für Mitarbeiter des Ministeriums für Staatssicherheit der DDR in den achtziger Jahren des 20. Jahrhunderts (heute Jägerpark) und zum Ende des Jahrhunderts durch die Errichtung der Chip-Fabrik (heute Infineon).

Seine Entstehung als geographisch-geologische Einheit verdankt das Gebiet der Dresdner Heide dem einstigen erdgeschichtlichen Einbruch zwischen dem Lausitzer Granitmassiv und dem Meißner Syenitmassiv. Die Dresdner Heide liegt zu 90% auf der Lausitzer Platte, deren Begrenzung vom Weißen Hirsch aus in nordwestlicher Richtung über den Wolfshügel zum Spitzberg

2 Guido-Hammer-Denkmal am Gänsefüßchenweg

bei Klotzsche verläuft. Südwestlich dieser Linie ist die breite Mittelterrasse der Elbe ausgebildet. Während 60 bis 70 m mächtige saalekaltzeitliche Heidesande die Mittelterrasse aufbauen, sind auf der Lausitzer Platte elsterkaltzeitliche Schmelzwassersedimente weit verbreitet.

Der Untergrund der Dresdner Heide besteht aus unterschiedlichen Gesteinen mit einer verschieden mächtigen Deckschicht. Südlich von Klotzsche bildet Granitgneis den Felssockel, der durch Druckbeanspruchung an einer tektonischen Bewegungsfläche aus dem Dohnaer Granodiorit hervorgegangen ist. Weitere Verformungen des Gesteins traten im Verlaufe von Bewegungen an der Westlausitzer Störung während des ausgehenden Karbons ein. Die höchste Erhebung in der Heide bildet der Dachsenberg nahe der Verbindungsstraße nach Langebrück mit 280,5 m ü. NN. Während des Jungpleistozäns lagerten sich auf die älteren Gesteine Sande, die südwestliche Winde hauptsächlich aus den Heidesanden des Elbtales auf die Höhen des östlichen Elbtalrandes wehten. Noch im Jungpleistozän, aber auch später wurden diese Sande an einigen Stellen zu Dünen angehäuft, so am Kannenhenkel und auf dem Heller.

Seit 1200 hat es in und an der Dresdner Heide immer wieder bergbauliche Unternehmungen gegeben, denen Radeberg seine Gründung verdankt. Hier hielt sich der Bergbau über Jahrhunderte. Bei den systematischen Untersuchungen von verwertbaren Kaolinen für die Porzellanherstellung wird von Böttger um 1709 eine Radeberger Erde untersucht. Im 16. und 17. Jahrhundert gab es zahlreiche Bergbauversuche in der Dresdner Heide. Eine letzte Unternehmung war der »Junge Hoffnung Erbstollen« bei Radeberg zwischen 1785 und 1790.

Die Heide hat eine Fülle geomorphologischer Besonderheiten aufzuweisen. Am Südrand zur Elbtalweitung gibt es kurze gefälle-

reiche Täler: Eisenborngrund, Schotengrund und Stechgrund. Am Nordrand zwischen Weixdorf, Langebrück und Radeberg finden sich zahlreiche wannenartige Talhohlformen, so z. B. der Rote Graben bei Langebrück. Die 5 bis 10 m hohen Flugsanddünen im Südwesten der Heide fehlen den nördlichen Teilen. Die Sandböden besitzen einen niedrigen Gehalt an Pflanzennährstoffen. So können wegen der Wasserdurchlässigkeit des Bodens meist nur anspruchslose Holzarten wie Kiefer und Birke wachsen. Die Verwitterungsböden der Granodiorite haben infolge ihres Gehaltes an tonigen Bestandteilen einen größeren Gehalt an Pflanzennährstoffen, weshalb hier nahezu alle einheimischen Nadel- und Laubholzarten gedeihen.
Die Heide war in der Bronzezeit bereits besiedelt, wie Flachgräberfelder und Hügelgräber so z. B. östlich der Schneise 8 und westlich vom Gänsefuß belegen. Hinzu kommen reichliche Keramikfunde südlich von Langebrück und nördlich des Saugartens. Siedlungsreste aus der Bronzezeit und aus dem Mittelalter finden sich nordwestlich der Heidemühle. Siedlungsreste der jungsteinzeitlichen Schnurkeramik wurden am südlichen Heiderand aufgefunden. Bronzezeitliche Gräberfunde sind aus mehreren Bereichen der Heide bekannt. Hinzu kommen bronzezeitliche Keramikfunde nördlich der Todmühle. Deshalb ist die Dresdner Heide nicht als unzugängliches Waldgebiet, sondern als früheres Siedlungsgebiet anzusehen. Unsicher in der Zweckbestimmung ist die vermutete frühgeschichtliche Wehranlage mit dem Namen Burgstadtel.
In Kriegszeiten hatte die Dresdner Heide, die noch lange bis nahe an den heutigen Alberplatz heranreichte, eine große strategische Bedeutung, weshalb hier oft Kriegsschauplätze zu finden waren und in der Heide auch Befestigungen angelegt wurden. Nicht nur der Dreißigjährige (»Schwedenschanze«) und vor

allem der Siebenjährige Krieg hinterließen in der Heide ihre Spuren, sondern auch Napoleon bezog das Gebiet 1812/13 in Befestigungen und Angriffe ein (Napoleonschanze am Stechgrund). Im Gebiet zwischen dem Heller, Klotzsche, Weixdorf und der Langebrücker Hofewiese hatten einzelne Teile in Anlehnung an die Ortschaften Eigennamen, so Klotzscher Wald und Langebrücker Heide. Nutzungsarten wie Hutung, Gräserei, Laub- und Streurechen führten im Laufe der Zeit zu einer Reihe neuer Forstortsnamen wie Richters Streufleck und Schindlers Bruch. Klimatisch wirken sich die geringen Höhenunterschiede der Heide spürbar aus. Während in Höhe des Waldschlößchens (127 m über NN) kaum geringere Temperaturen als in der Elbniederung von 108-102 m über N. N. gefunden werden, ist »oben« auf dem Weißen Hirsch bei 188-245 m über NN ein deutlicher Temperaturunterschied zu finden. Auch innerhalb der Dresdner Heide existiert eine Temperaturdifferenz von etwa 2° C im Jahresmittel, das für das Zentrum der Heide 7,7°C beträgt. Die Jahresniederschläge schwanken zwischen 650 mm am Südrand, 650-700 mm im Innern der Heide und 750 mm am Nordrand bei Langebrück.
Das Waldgebiet der Dresdner Heide gehört zum Sächsischen Forstamt Dresden und umfaßt die Forstreviere Bühlau, Hofewiese, Klotzsche, Langebrück und Ullersdorf. Die Anfänge der Forstwirtschaft gehen auf das 15. Jahrhundert zurück. Seit dieser Zeit fand eine geregelte Abgabe von Brenn- und Bauholz sowie von Holzkohle aus einer Köhlerei statt. Im 16. und 17. Jahrhundert erlangte die Heide als Jagdgebiet der sächsischen Kurfürsten große Bedeutung (Parforcejagden, Schaffung von Saugärten). Auf den Wildreichtum der Heide (1612 wurde der letzte Bär in der Heide gefangen) weisen noch heute zahlreiche Flurnamen hin: Dachsenberg, der Dresdner, Langebrücker,

Liegauer und Lausaer Saugarten. Alte Flurnamen wie Fuchsberg und Bienengarten erinnern daran, daß die Heide früher besonders wildreich war und bis ins 18. Jahrhundert auch der Bienenzucht diente. Auch nahm der Schwarzwildbestand teilweise so stark zu, daß 1825 bis 1830, 1864 und 1920 verstärkter Abschuß notwendig war. Um Wildschäden möglichst gering zu halten, umgab bis 1945 ein Zaun die Dresdner Heide.
1815 bis 1816 nahm der bekannte Forstwissenschaftler Heinrich von Cotta eine Vermessung, Taxation der Holzvorräte und

3 Die Schwedenbrücke über die Prießnitz

Kartierung der Heide vor und führte 1832 das noch heute bestehende System der Schneisen und Flügel ein. Die von Nordost nach Südwest verlaufenden Flügel waren 200 Ruten (= 859 m), die von Nordwest nach Südost gerichteten Schneisen nur 100 Ruten voneinander entfernt. Alte Waldwege mit ihren Namen und Zeichen an den Bäumen erhielten sich bis auf den heutigen Tag. Die erste Karte der Dresdner Heide wurde 1589 im Maßstab 1: 2730 von Matthias Oeder als Teilarbeit der ihm vom Kurfürsten August übertragenen Vermessung des sächsischen Kurstaates angefertigt.

Schon seit langer Zeit herrschten auf den ärmeren Sandböden der westlichen Heide Kiefer und Traubeneiche vor. Auf den Granodioritverwitterungsböden der östlichen und südöstlichen Abschnitte waren die Fichte und in den nördlichen Teilen - hauptsächlich zwischen der Prießnitz und dem Ort Langebrück - die Rotbuche dominierend. Diese Holzarten gehören im wesentlichen bis heute zum Baumbestand der Dresdner Heide, während in den letzten Jahrzehnten die Europäische Lärche hinzugekommen ist. Im Stech-, Mord- und Schotengrund gibt es noch alte Rotbuchenbestände. Das heutige Waldbild wird im wesentlichen von der Kiefer bestimmt, die einen Anteil von 58% einnimmt. Ihr folgen Fichte mit 32%. Die restlichen 10%, verteilen sich auf Rotbuche, Stieleiche, Erle, Birke und Lärche.

Botanisch interessant sind die Vorkommen der subatlantischen Arten Rippenfarn *(Blechnum spicant),* Bergfarn *(Lastrea limbosperma)* und Harz-Labkraut *(Galium hercynicum)* in der Krautschicht.

Die Wildbestände der Dresdner Heide unterlagen in der Geschichte großen Schwankungen und waren zu Zeiten der bevorzugten Jagd sehr hoch, in Kriegszeiten sehr niedrig. 1972 gab es etwa 350 Stück Rehwild, 35 Stück Rotwild und ebensoviel

Schwarzwild, während das Niederwild wie Hasen auch damals sehr gering war. Hinzugekommen ist in den letzten Jahrzehnten das Muffelwild.
Die Dresdner Heide dient auch der Trinkwasserbereitstellung und weist drei Trinkwasserschutzgebiete auf, die am Dachsenberg (Versorgung von Langebrück), am Sternweg in der Jungen Heide und im Fischhausgebiet (Wasserwerk Albertstadt) zu finden sind.
Starke Winde aus westlichen und südöstlichen Richtungen wie starker Schneefall und Waldbrände richteten immer wieder in der Heide große Schäden an. Bezeichnenderweise häufen sich die durch Ausflügler verursachten Brände in den stark besuchten Gebieten wie in der Nähe von Bühlau, Klotzsche und in der Weixdorfer Gegend.

4 Jagdszene in der Dresdner Heide

Bei der Nutzung der Dresdner Heide steht der landeskulturelle Wert des Waldes vor allem als Erholungsgebiet für die Großstadt Dresden im Vordergrund. Das abwechslungsreiche Gelände (das der Begriff Heide nicht vermuten läßt) und die verschiedenartigen Vegetationsverhältnisse sind oftmals Ursache für Mischwaldbestände, die dem Wald einen landschaftlich reizvollen Charakter verleihen. Innerhalb der Dresdner Heide gibt es von Wanderern bevorzugte Orte und Landschaftspartien wie den Wasserfall der Prießnitz bei Klotzsche, die Rieseneichen im Sauerbusch bei Weixdorf, die Tanzzipfelwiese bei Ullersdorf und die Hauptwanderwege (s. Routen).
Bereits 1945 wurde die Erhaltung der Dresdner Heide als Erholungsgebiet gesetzlich geregelt. 1965 wurde die Dresdner Heide zum Naherholungsgebiet erklärt und 1967 der Wald im Bereich der Stadt Dresden als Sonderforst festgelegt, ehe das Gebiet 1969 und 1971 zum Landschaftsschutzgebiet erhoben wurde. Der Kraftfahrzeugverkehr wurde auf die wenigen öffentlichen Straßen beschränkt.
Größere Eingriffe in die Heide wie der Bau eines Moorbades auf dem Weißen Hirsch und der einer großen Entlastungsstraße von Weißig zur Radeberger Straße durch das Ullersdorfer Revier konnten verhindert werden. Frühere Eingriffe sind heute unumstritten. So hat die noch echte Dünenlandschaft einst zu zeitweiligen Verwehungen der Straße von Klotzsche nach Dresden geführt und die Einwohner zum Bau einer Kirche veranlaßt, um von der Verkehrsverbindung unabhängig zu sein. Der um die Dresdner Heide verdiente Forstmeister Heinrich Meschwitz hat dann im westlichen Teil der Heide durch Aufforstungen den Kampf gegen die Dünen in den siebziger Jahren des 19. Jahrhunderts geführt und damit Erfolg gehabt. Heute würden solche Sanddünen abgetragen und verwertet!

Der hohe Erholungswert der Heide wird auch aus der überaus günstigen Lage zur Stadt klar. Ist die äußere Begrenzung der Heide 13 km vom Altmarkt entfernt, so beginnen die stadtnächsten Gebiete bereits in einer Entfernung von 4 km. Das wird noch erhöht durch die Tatsache, daß manche Heideausläufer Anschluß an innerstädtische Grünanlagen und Parks haben. So hatte die Heide bereits 1965 an schönen Sommertagen 20 000 Besucher, später sind diese Zahlen weiter angestiegen und 1989 wurden bis zu 40000 Besucher pro Tag geschätzt. Obwohl die Heide nichts mit einem Park gemein hat, gibt es neben dem Albertpark auf dem Weißen Hirsch, in Bühlau, Weixdorf und in Klotzsche sogenannte Waldparks. Der Erholungswert der Heide wird durch Bänke, Schutzhütten, Sportplätze und Waldbäder erhöht.

5 Stausee am Haarweidenbach bei Bühlau

Bereits 1987 wurde ein Landschaftspflegeplan für das Landschaftsschutzgebiet »Dresdner Heide« veröffentlicht, dessen Ziele heute durch das Umweltamt der Stadtverwaltung Dresden fortgeschrieben werden. Dazu gehören u. a. die Errichtung von Parkplätzen für Kraftfahrzeuge und von Rastplätzen, die Pflege der Wanderwege einschließlich der Wegemarkierung, die Aufstellung von Bänken und die Anlage von Schutzhütten.

Die ursprüngliche Tierwelt der Dresdner Heide ist in der Monographie von Koepert und Pusch 1932 für das gesamte Waldgebiet mit 15 Säugetier-, 56 Vogel-, 6 Kriechtier- und 5 Lurcharten angegeben. Eine neuere Übersicht von Hardtke und Hertel über Pflanzen und Tiere der Dresdner Heide aus dem Jahre 1987 führt viele Details an. So sind in den mit Kiefern bestandenen Waldabschnitten Schwarz- und Buntspecht, Misteldrossel, Goldhähnchen, Tannen- und Haubenmeise charakteristisch. In der Nähe von Schlagflächen finden sich auch Nachtschwalbe, Baumpieper und Heidelerche. Sperber, Heckenbraunelle, Singdrossel und Rotkehlchen leben vor allem im Fichtenwald, Kleiber und Waldlaubsänger in Buchenbeständen und Kohl- und Blaumeise, Laubsänger und Gimpel im Mischwald. An der Prießnitz sind Wasseramsel und Gebirgsstelze zu finden. An Waldtümpeln und dem kleinen Ullersdorfer Stausee gibt es noch Stockenten. In der Prießnitz haben sich Forellen immer halten können. Während die Glattnatter und die Zauneidechse eher an trockeneren Stellen anzutreffen sind, gibt es in feuchteren Gebieten Ringelnatter, Waldeidechse und Blindschleiche.

Die Insekten der Heide wurden oft untersucht und es konnten für diese Tiergruppen auch bemerkenswerte Formen nachgewiesen werden. So fand man 22 Libellenarten und zahlreiche Heuschreckenarten (z. B. *Calliptamus italicus)* sowie Wanzen. Es konnten weiterhin 15 Bockkäferarten (u. a. *Ergates faber,*

Spondylis buprestoides, Tetropium fuscum, Prionus coriarius, Criocephalus ferus) und 12 Laufkäfer- und zwei Puppenräuberarten bestimmt werden. Weiterhin seien genannt: Nonne *(Lymantria monacha),* der Kiefernspinner *(Dendrolimus pini),* Kiefernspanner *(Bupalus Piniarius),* Kieferntriebwickler *(Evetria buoliana),* Kiefernharzgallenwickler *(Evetria resinella),* Kiefernschwärmer *(Sphinx pinastri)* und der Große Braune Rüsselkäfer *(Hylobius abietes)* sowie die Kiefern-Buschhornblattwespe *(Diprion pini).* In der Dresdner Heide wurden zudem 31 Marienkäferarten nachgewiesen, von denen einige typisch für Kiefernwälder sind wie *Myrrha octodecimguttata, Scymnus nigrinus* und *Scymnus suturalis.*

Weiterhin wurden folgende Schmetterlinge nachgewiesen: Kleiner Waldportier *(Satyrus alcyone),* Rostbinde *(Satyrus semele),* Rostbraunes Ochsenauge *(Epinephele tithomus),* Großes Ochsenauge *(Epinephele jurtina),* Kleiner Heufalter *(Coeno nympha pamphilus),* Grasglucke *(Cosmotriche potatoria),* Marbeleule *(Hyperiodes turca),* Komma-Eule *(Sideridis comma)* und Weißadereule *(Sideridis Pallens);* Bläuling *(Lycaena argus),* Purpurbär *(Rhyparia purpurata),* Kleines Nachtpfauenauge *(Eudia Pavonia),* Heidekrauteulchen *(Anarta myrtilli);* Weißer Grasbär *(Goscinia cribraria),* Bürstenbinder *(Orgyia antiqua),* Quittenvogel *(Lasio campa quercus),* Moderholzeule *(Chloantha solidaginis).* Auf unbewachsenen Flächen mit Sandbereichen sind bevorzugt wärmeliebende Sandlaufkäfer *(Cicindela* spec.), Sandwespen *(Ammophila* spec.) und der Dreihornmistkäfer *(Typhoeus typhoeus)* zu finden, recht häufig kommt der Ameisenlöwe *(Meleon lornzicarius)* vor, die Larve der libellenähnlichen Ameisenjungfer.

Die Dresdner Heide hat in dem Dreieck zwischen Fischhausstraße und Bautzner Landstraße mit dem Albertpark eine Erholungsstätte aufzuweisen, die sozialgeschichtlich einmalig ist.

Der frühere Verein Volkswohl hat hier insbesondere vor dem Ersten Weltkrieg 1000 bis 1500 Kindern eine Ferienbetreuung geboten, die selbst Erich Kästner in seinen Kindheitserinnerungen erwähnenswert fand. Kinderspielplätze, Waldschulen, ein Naturtheater und ein Volksheimrestaurant waren vom Volkswohl geschaffen worden. Schutzhütten und Baracken gewährten Unterkunft für die Kinder bei Unwetter (vgl. K. Bräuning, »Der Albertpark zu Dresden«). Über den Bereich des Albertparkes hinaus ist die Walderholungsstätte Margarethenpark beim Eisenbörnchen an der »Alten Acht« in der Heide erwähnenswert, die für Kinder eine Gesundheitskur bot.
Bei den Kuranlagen muß vor allem das auf dem Weißen Hirsch gelegene, heute jedoch nicht mehr genutzte Lahmannsche Sanatorium genannt werden, das einst europäische Bedeutung hatte und auch mit seinen Gästen in die Kulturgeschichte eingegangen ist. Auch der vom damaligen Verschönerungsverein geschaffene Waldpark mit den noch heute (wieder) genutzten Tennisplätzen gehört zu den Erholungsanlagen der Gründerzeit.
Am nördlichen Heiderand hatten Langebrück, am nordwestlichen Rand Klotzsche-Königswald mit bekannten Kuranlagen der Gesundheitsförderung gedient, dem sich das entfernte Liegau-Augustusbad im Nordosten im Reigen der Kurorte anschloß. Die Bedeutung dieser Einrichtungen ist heute stark zurückgegangen, während der Erholungswert der Dresdner Heide in dieser motorisierten Welt von Jahr zu Jahr steigt.

Albertpark

Das 118 ha große Areal wurde 1898 als Heidewald vom Rat der Stadt Dresden für die Weiterentwicklung und Unterstützung der Unternehmungen des Vereins Volkswohl angekauft. Er weist alte Laubwaldbestände (besonders Rotbuchen im unteren Teil) auf. Das Gebiet zwischen Radeberger und Bautzner Straße reicht bis zum Pillnitz-Moritzburger Weg bzw. zur Mordgrundbrücke. Der südwestliche Teil des Parks, meist als Heidepark bezeichnet, beherbergt die seit 1893 vom Verein Volkswohl als Volkserholungsstätte mit Kinderspielplatz geschaffenen Bauten und Sportplätze sowie das Naturtheater, eine Waldschule in Baracken und ein massives Schulgebäude (heute Schule für Körperbehinderte). Dort ist auch der Böhmert-Stein zu finden, der zum Gedenken an Victor Böhmert (1829-1918), den Gründer des 1888 gestifteten Vereins Volkswohl, errichtet wurde.

Bühlau, Stadtteil von Dresden (Ortsamt Loschwitz)

Das heutige Bühlau besteht aus mehreren, historisch unterschiedlich entstandenen Teilen: Altbühlau oder das Oberdorf an der Quohrener Straße als Straßendorf mit waldhufenartiger Gelängeflur und das Zeilen- und Bauerndorf Quohren (1365 Quorne). Der Name »Bele« (1349) bedeutet Ort am hellen, weißen Fleck oder Bach (altsorbisch »bely«). Quohren (altsorbisch »dvor« der Hof oder »hova« Schmied) weist zahlreiche Fachwerkhäuser auf.

Wie Altbühlau und Quohren unterstand der westliche Teil von Neubühlau, das Niederdorf längs der Bautzner Landstraße, zusammen mit Adelig-Bühlau (Bautzner Landstraße bis Grundstraße) der Helfenberger Grundherrschaft. Die östliche Amtsgemeinde von Neubühlau hieß früher auch Dürr-Bühlau.
1839 wurden die Bühlauer Gemeinden und Quohren unter dem Namen »Bühlau mit Quohren« vereinigt. Vor 1900 erlangte Bühlau als Sommerfrische Bedeutung (1904 Gründung eines Sanatoriums). Nach der Eingemeindung Bühlaus nach Dresden 1921 entstanden hier 1929 ein Altersheim und 1930 das Bühlauer Bad. Der Teil Neubühlaus nordwestlich der Bautzner Landstraße besteht erst seit 1894 als ein Villenvorort.
Mit der Verlängerung der Straßenbahn Waldschlößchen-Bühlau 1908 bis Weißig wurde Anschluß an die 1906 eröffnete Eisenbahn Weißig-Dürrröhrsdorf (1951 eingestellt) erzielt. 1897 wurde in Bühlau eine selbständige Kirchgemeinde gegründet, die seit 1899 eine Kirche im frühneugotischen Stil besitzt.
Obwohl Bühlau auch nach zahlreichen Neubauten der neunziger Jahre des 20. Jahrhunderts vor allem Bedeutung als Wohngebiet hat, ist auch eine landwirtschaftliche Nutzung teilweise noch vorhanden. Der Ackerbau erfolgt auf Böden sehr unterschiedlicher Wertigkeit.
Die Flur Bühlau wird von den zum Bühlauer Grund (Neurochwitzer Grundbach) und zum Elbtal (Wachwitzgrund, Helfenberger Grund, Keppgrund) abfließenden und überwiegend scharf eingetieften Wasserläufen sowie deren Quellzuflüssen zerschnitten. Im Stadtrandbereich existieren zahlreiche Gartenkolonien, wovon die bekanntesten die »Bühlauer Waldgärten« sind. Diese entstanden durch Parzellierung des früheren Golfplatzes von 32 ha Größe nach dem 2. Weltkrieg. Das Golfklubhaus, erbaut von Wilhelm Kreis, ist heute Spartenheim und Gaststätte.

Dresdner Saugarten

Die Lichtung wurde seit 1601 für Schwarzwildtreibjagden des Hofes genutzt. 1710 entstand ein Jagdhaus nach Entwürfen von M. D. Pöppelmann, das 1850-54 abgerissen wurde, wobei die Steine für die Elbmauer am Albrechtsberg Verwendung fanden. Der Saugarten liegt im Mittelpunkt des 1560 von Johannes Humelius angelegten ersten Wegenetzes der Dresdner Heide. Von ihm gehen folgende Wege strahlenförmig ab: Alte Eins, Alte Zwei, Alte Drei, stellenweise Diebsteig, Alte Vier (1832 von Heinrich Cotta als Grundlinie des heutigen quadratischen Wegenetzes mit Flügeln A bis H und Schneisen 1 bis 20 gewählt), Alte Fünf, Alte Sechs, Alte Sieben und Alte Acht.

Eisenbahnstrecke Dresden-Görlitz (mit Abzweig nach Dresden-Flughafen und nach Königsbrück)

An der westlichen Seite der Heide beginnend quert die Bahnlinie Dresden-Görlitz nahe des Prießnitztals zwischen dem Industriegelände und Langebrück die Dresdner Heide. Den allmählichen Anstieg auf der Heidesandterrasse nutzend, erreicht sie den Bahnhof Klotzsche nach dem Nesselgrund, der mit einem alten und einem neuen Brückenbauwerk überspannt wird. 1845 fuhren die ersten Züge auf der Teilstrecke von Dresden-Neustadt nach Radeberg. Während die Hauptstrecke in einer großen Kehre nach Osten Langebrück zustrebt, zweigt die 1884 eingerichtete Sekundärbahn nach Königsbrück Richtung Norden (Weixdorf, Hermsdorf) ab. Die Bahn wurde 1935 bis Straßgräbchen-Bernsdorf verlängert, doch der Regelzugverkehr 1996 auf dieser Strecke wieder eingestellt.

Um 1935 wurde eine Stichbahn zum Gelände des Flughafens Klotzsche errichtet, die nach 1955 auch für den Personenverkehr zum Flugzeugwerk Klotzsche genutzt wurde, der jedoch später wieder eingestellt wurde. Die heute existierende S-Bahnstrecke wurde im Zuge des Neubaus des Flughafens Klotzsche bis zum neuen Flughafen-Terminal durch Verlängerung der Stichbahn errichtet (Zugverkehr bis Dresden-Hauptbahnhof, ab 2003 bis Heidenau).

Fischhaus

Das Haus wird erstmals 1575 als Fischversorgungsplatz des Dresdner Hofes genannt, als die Fischmannsteiche am Eisenbornbach zur Fischhaltung angelegt wurden. Später war es Forsthaus mit

6 Das Jagdschloß im Dresdner Saugarten (erbaut von Pöpperlamm)

Schankgerechtigkeit. Heute ist hier eine große Ausflugsgaststätte mit bemerkenswertem Saal im Obergeschoß und schönen Außenanlagen. Auf der anderen Seite der Fischhausstraße befinden sich die Wasserhochbehälter der DREWAG, die die alte Wasserversorgung aus dem Eisenbornbachwasser (1476 erstmals durch Holzröhren nach Dresden-Neustadt geleitet; 1568 Röhrfahrt zum Jägerhof) heute bewerkstelligen.

Heidemühle

Die Heidemühle ist nach einer älteren Mühle bezeichnet, die seit etwa der ersten Hälfte des 16. Jahrhunderts bis zu ihrem Abbruch 1842 in der Nähe der Todbrücke stand. An der Prießnitz gelegen,

7 Das Gasthaus Fischhaus 2002

befand sie sich etwa an der Stelle, wo der Weißiger Weg den Nachtflügel kreuzt. Das Anwesen gehörte einst zu Weißig. Anstelle der heutigen Heidemühle (gegenwärtig keine Gaststätte) stand an der Hengstbrücke eine Sägemühle, in der 1843 die Schankstätte Heidemühle eröffnet wurde. Das heute vorhandene Gebäude im Schweizerhausstil stammt von 1881. Die gleichzeitig errichtete Mahl-, Schneide- und Ölmühle mit Wehr in der Prießnitz und Mühlgraben erhielt 1874 eine Dampfmaschine.
An der Heidemühle überschreitet die 1840 stark ausgebaute und schon im 16. Jahrhundert nachweisbare Radeberger Landstraße die Prießnitz auf einer Bogenbrücke. Der Gebäudekomplex wurde jahrzehntelang als Betriebsferienheim und Kinderferienlager genutzt, wofür ein Freibad errichtet wurde. Auf der gegenüberliegenden Straßenseite ist in dem Forstwirtschaftsbetrieb ein Imbiß eingerichtet.

Heller

Letzter Heller hieß die Gaststätte unmittelbar an der heutigen Autobahnauffahrt Dresden-Hellerau. Als Hellerschänke wurde sie bereits 1716 erwähnt. Der Name soll auf eine Sage zurückgehen, wonach ein Wanderbursche mit noch einem Heller in der Tasche dem Schlangenkönig im nahen Olterteich die goldene Krone stahl und für ihren Erlös den Gasthof bauen ließ. 1969 wurde das Hauptgebäude abgerissen. Der zum Gebäudekomplex gehörende Weinkeller besaß ein dekoratives Portal von 1688, das 1973 an den Weinkeller auf der Rückseite der Sekundogenitur an der Brühlschen Terrasse versetzt wurde. Dieses Sandsteinportal ähnelt der Bauplastik am Palais im Großen Garten und weist die Wappen und Initialen der Familien von Erdmannsdorff und von

Pflugk auf den Kämpfern auf, die die Besitzer des früheren Weinberges hier waren.
An den sandigen Hängen des angrenzenden, 200 m hohen Hellerberges betrieben Wilschdorfer Einwohner bis etwa 1850 Weinbau. Auf dem Heller erreicht die Heidesandterrasse mit 2 km ihre größte Breite, der Sand teilweise eine Mächtigkeit von etwa 50 m. Zwischen Heidesand und den tieferliegenenden Schottern ist an manchen Stellen eine bis 3,8 m mächtige Bank aus kalkhaltigem Bänderton zu finden. Die Heidesandterrasse gilt als alter Elbtalboden, auf den im Spätpleistozän stellenweise hohe Flugsanddünen geweht wurden. Die Sanddünen, die die Terrassenkante begleiteten, wurden abgebaut. Hier existierte ein Mörtelwerk, das über Jahrzehnte Dresden belieferte. Heute ist hier ein Baustoffwerk, das die Silhouette der Stadt am Nordwestrand dominiert.
Bis 1935 diente der Ostteil des Hellers am Industriegelände als Flugplatz. An dieser Stelle befindet sich eine große Kleingarten-

8 Der Heller (historische Aufnahme)

kolonie. Ein Teil des Hellers wurde seit 1960 in tiefen Gruben abgebaut. Diese werden bis heute entweder weiter genutzt oder als Deponie benutzt, doch sind die Arbeiten zur landschaftlichen Wiederherstellung und Einordnung des Areals in das Gefüge der Stadt im Gange. Der Heller westlich der Radeburger Straße erlitt vor allem durch Abholzung Veränderungen. Der Exerzierplatz, der 1827 über *Hechts und Hübels Weinbergen* von der Dresdner Heide abgetrennt wurde, ist nach Abzug der Roten Armee 1992 aufgegeben worden und wird nun teilweise als Gewerbegebiet genutzt.

Der verbliebene Wald auf dem Anstieg zwischen Terrasse und Syenithochfläche, der stellenweise von tiefen Rinnen durchzogen ist, weist überwiegend Kiefernstangenhölzer auf. Nur selten existieren mächtige Altbäume, meist ebenfalls Kiefern. An einigen Stellen sind Stieleichen, Birken, Robinien und Rotbuchen anzutreffen. Trotz der erheblichen Umgestaltung des Naturraumes haben sich auf dem Heller noch Reste einer eigenartigen Tierwelt bewahrt. Es sind Arten, die sandigen Boden bevorzugen wie Brachpieper, Steinschmätzer, Feld-, Heide- und Haubenlerche sowie Knoblauchkröte *(Pelobatus fuscus)* und Kreuzkröte (*Bufo calanita).* Typische Insekten des Areals sind der Stierkäfer *(Ceratophyus typhoeus),* der Walker (*Polyphylla fullo)* und die Sandlaufkäfer *(Cicindela* spec.) sowie die Maulwurfsgrille *(Gryllotalpa vulgaris)* und die Sandheuschrecke *(Oedipoda caerulescens).*

Hellerau, Ortsteil von Dresden (Ortsamt Klotzsche)

Die erste deutsche Gartenstadt verdankt ihre Entstehung der Initiative von Karl Schmidt (1873-1948), der die Deutschen Werkstätten für Handwerkskunst besaß und seine sozial orientier-

ten unternehmerischen Ideen mit dem Projekt der Gartenstadt umsetzen wollte. Er gründete 1908 die Gartenstadt-Gesellschaft zur Errichtung der Gartenstadt Hellerau und eine Baugenossenschaft. 1909 wurde ein etwa 140 ha großes, meist sandiges Baugelände auf Klotzscher und Rähnitzer Flur erworben und am 9. Juni 1909 erfolgte der erste Spatenstich für die Werkanlage der Deutschen Werkstätten und das Kleinhausviertel Am Grünen Zipfel. Der von Richard Riemerschmid entworfene Bebauungsplan mit Ortsbauordnung hatte eine Siedlung neuen Typs mit Fabrikanlage und bezahlbaren Wohnungen für die Arbeiter zum Ziel.
Der Ort wurde mit seinen überwiegenden Einfamilienhäusern ein Wohnplatz in künstlerisch architektonischer Baugestaltung. Den Grundstock der Wohnsiedlung bildeten 345 Kleinwohnungen für Arbeiter der Werkstätten. Nach dem Umbau der Waldschänke (heute verfallen) am Moritzburg - Pillnitzer Weg 1910 und der Errichtung der Marktseite Helleraus mit der Ladenfront nach Entwürfen Riemerschmids erfolgte 1912 der Bau des von Heinrich Tessenow entworfenen Festspielhauses. Hier wurde die Bildungsanstalt für rhythmische Gymnastik von Emile Dalcroze untergebracht. Mit dieser Einrichtung wurde die Gartenstadtidee, eine naturverbundene Wohnatmosphäre mit kulturellem Leben zu verbinden, in die Tat umgesetzt. Die 1913 errichtete Volksschule ergänzte die Wohngemeinde im Grünen.
Nachdem die Genossenschaft in große finanzielle Schwierigkeiten gekommen war, mußten 1923 sogar 336 Kleinhäuser in Privateigentum überführt werden. 1929/31 wurde in einem zweiten Bauabschnitt der Hellerauer Markt in der Nord-, Ost- und Süd-Gruppe fertiggestellt. Die »Neue Schule für angewandte Rhythmik« im Festspielhaus bestand bis 1927, doch danach wurde die Nutzung des Gebäudes immer schwieriger. Im Dritten Reich war das Areal des Festspielhauses Kaserne und wurde 1945 von der

Roten Armee übernommen und von dieser bis 1992 genutzt. Obwohl Festspielhaus wie Pensionshäuser in einem desolaten Bauzustand waren, wurden die Gebäude unter großem finanziellen Aufwand restauriert bzw. gesichert. Die Arbeiten sind noch nicht abgeschlossen.

Die Deutschen Werkstätten als der von Anfang an wichtigste Betrieb Helleraus durchlebte verschiedene wirtschaftliche Situationen. Nach ihrer Blüte bis zum Ersten Weltkrieg und den schwierigen zwanziger Jahren wurde 1934 mit den 15 Holzhäusern am Sonnenhang eine Meisterleistung der Holzbauweise und Innenarchitektur vorgelegt. Doch die Produktion wurde im Dritten Reich zunehmend auf Rüstungsgüter ausgerichtet.

Die Werkstätten wurden 1946 als Rüstungsbetrieb enteignet und als volkseigener Betrieb mit den Entwürfen der früheren Gestalter fortgeführt. Es wurden vor allem Anbau- und Aufbau-Möbel eines modernen Montage-Programms hergestellt. Daneben war der qualitätvolle Innenausbau ein weiterer Teil des Kerngeschäfts in Hellerau. In den Sechzigern wurde eine Schrankwandserie (MDW) entwickelt, die in der DDR sehr geschätzt und viel gekauft war. 1970 bildeten die Deutschen Werkstätten den Stammbetrieb eines Möbel-Kombinats mit mehreren Werken in der DDR.

Das Unternehmen wurde 1992 von der Treuhandanstalt privatisiert und nach einer drastischen Reduktion seiner Belegschaft auf den hochpreisigen Innenausbau konzentriert.

1937 erfolgte Am Pfarrlehen die Errichtung von 28 Kleinstwohnungen mit zwei und drei Zimmern unter Wahrung der Einheitlichkeit der baulichen Grundkonzeption. Gleiches gilt für die nach 1945 errichteten Neubauten am Heideweg, im Volksmund Dessauer Siedlung genannt, da sie meist von früheren Ingenieuren der Junkers-Werke Dessau nach ihrer Rückkehr aus der Sowjetunion bewohnt wurden.

Die ab 1911 zum Schänkhübel führende Straßenbahn erhielt 1913 einen Abzweig bis zur Hellerauer Post und wurde 1935 zunächst bis zum Rathaus und 1938 bis nach Rähnitz ausgebaut. Die Gartenstadt Hellerau und Rähnitz wurden 1919 zur Gemeinde Rähnitz-Hellerau vereinigt, die seit 1938 nur noch Hellerau genannt wurde. Erst 1950 kam die Gemeinde zu Dresden.

Hofewiese

Die Langebrücker Hofewiese ist mit ca. 43 ha bei etwa 2 km Länge der größte Wiesengrund in der Dresdner Heide zwischen Langebrück und Heidemühle. Die vom Gänsefußweg geteilte Wiese wurde 1547 erstmals als »Langebrucker Wiese« urkundlich erwähnt. Hier hatten die Einwohner von Klotzsche und später die Langebrücker Hofedienste zu leisten. Unter dem Kabinettsminister

9 Gasthaus Hofewiese (historische Aufnahme)

Camillo Graf Marcollini wurden die Grünflächen vergrößert, Geländeunebenheiten beseitigt und nasse Stellen entwässert. Um Wildschäden zu vermindern, erhielt die Wiese später einen Zaun. Nachdem 1828 der Besitz an den sächsischen König übergegangen war und ein Wiesenvogt die Aufsicht erhielt, wurde für ihn ein Gebäude neu errichtet, das 1877 Schankrecht erhielt. Der Zustrom zur Gaststätte nahm durch den 1973 zur Straße ausgebauten Gänsefußweg deutlich zu. Heute ist die Gaststätte geschlossen.

Klotzsche, Ortsteil von Dresden (Ortsamt Klotzsche)

Der Ort ging aus dem Dorf Altklotzsche hervor, der urkundlich erstmalig im Jahre 1309 erwähnt wird. Die Bezeichnungen »Kloiczowe« (1309), »Clozschowe« (1321) und »Clozcow« (1360) gehen auf den Begriff Rodung zurück. Das Dorf hat einen rundlingsartigen Altsiedelkern und wurde offenbar in der Zeit der deutschen Ostexpansion seit dem 12. Jahrhundert durch ein anschließendes Straßenangerdorf erweitert. Altklotzsche dehnte sich nach dem 19. Jahrhundert bis zur jetzigen Königsbrücker Landstraße. Wiederholte Feuersbrünste fügten dem Dorf großen Schaden zu, so fiel 1802 der gesamte Ort (auch die Kirche) bis auf sieben Häuser dem Feuer zum Opfer.

Nach dem Brand von 1802 wurde die Kirche 1810/11 neu errichtet. In Altklotzsche existieren zahlreiche unter Denkmalschutz stehende Fachwerkhäuser, so das Erbgericht.

Von der alten Flur des Ortes, der zuvor in waldhufenartige Schmalstreifen aufgeteilt war, bestehen nur noch Restfelder. Die fruchtbarsten Felder lagen auf Gneisverwitterungsböden, doch lieferten die meisten nur geringes Heidekorn. Die Lage der alteingesessenen Bevölkerung besserte sich mit der Gründung des Kur-

ortes Klotzsche-Königswald und der anderen Ortsteile, doch verlor die Landwirtschaft hierbei große Anbauflächen.
In der zweiten Hälfte des 19. Jahrhunderts entstand auf Teilen der Klotzscher Flur an der Königsbrücker Landstraße ein Villen- und Kurort Königswald, was durch den 1875 erfolgten Bau des Bahnhofes Klotzsche an der Eisenbahnlinie Dresden-Görlitz, die 1884 erbaute Bahnlinie nach Königsbrück, die 1903-05 eingerichtete Obuslinie vom Arsenal (heute Industriegelände) zum Gasthof Deutsche Eiche und die 1911 errichtete elektrische Straßenbahn begünstigt wurde. Der Zuzug und Zustrom von Kurgästen ließ zahlreiche Gasthäuser und Hotels entstehen. Die Wohnhäuser sind denen in anderen Dresdner Villenvororten aus der Zeit von 1880 bis 1900 ähnlich. Bedeutende Persönlichkeiten wie der Bildhauer Johannes Schilling und der dänische Literatur-Nobel-

10 Eisenbahnviadukt am Nesselgrund

preisträger Karl Gjellerup ließen sich hier nieder. Die Entwicklung Klotzsches zu einem Kurort wurde besonders durch August Wilhelm Quosdorf gefördert, der u. a. 1884 das Bahnhofshotel erbaute. Hier wurde ein Gedenkstein für ihn errichtet.
Der gleichzeitig mit Königswald entstandene Ortsteil Alberthöhe verschmolz mit der Schänkhübelkolonie. Er weist einfachere Landhäuser auf. Hier wurde 1888 auf dem Gelände eines ehemaligen kurfürstlichen Gutes das Ausflugslokal Alberthöhe errichtet, das bis 1950 als Gaststätte bestand.
1905 bis 1907 entstand die Christuskirche in Königswald. 1888 war ein größeres Schulhaus an der Hauptstraße errichtet worden und das 1896 neuerbaute Schulgebäude an der Auenstraße 9 (jetzt Gertrud-Caspari-Straße) wurde 1914 noch erweitert.
Nach dem ersten Weltkrieg wurden die Trobischbergsiedlung (1927-31) längs des Dörnichtweges nach Plänen von Oswin Hempel und die Steinackersiedlung (1920-30) sowie die Eigenwerk- und Ödlandsiedlung (1928-31) erbaut. Aus den dreißiger Jahren stammen geschlossene Wohnblockbauten an der neuangelegten Flughafenstraße (heute Karl-Marx-Straße), die die Klotzscher Flur hinter dem 1907 errichteten Rathaus durchschneidet. 1935 wurde Klotzsche zur Stadt, ehe es 1950 nach Dresden eingemeindet wurde und heute ein Ortsamt Dresdens beheimatet.
Auf der alten Pfarrhufe wurde 1932 ein Neuer Friedhof angelegt, da der 1886 eingeweihte Alte Friedhof an der Dresdner Straße nicht mehr ausreichte. Auf dem Alten Friedhof befinden sich die Gräber von Karl Gjellerup, Karl Schmidt-Hellerau und des letzten Ludwig Richter Schülers Georg Estler, während auf dem Neuen Friedhof die Bilderbuchmalerin Gertrud Caspari begraben ist. Der Zuzug zahlreicher Bewohner katholischer Konfession nach 1945 führte zu einem Ausbau des seit 1938 bestehenden katholi-

schen Pfarramtsvikariats zum Pfarramt zum Heiligen Kreuz. So wurde 1948 eine Kapelle in der Villa Odin, Darwinstraße 19 errichtet.

Das seit 1955 am Flughafen entstandene Industriegebiet Klotzsche hat den einstigen Wohnort stark verändert. Hier wurden zunächst mehrere Werkhallen errichtet, von denen zwei als die zweitgrößten freitragenden Hallenkonstruktionen Europas galten. 1956 wurde der VEB Maschinen- und Apparatebau und der VEB Industriewerke gegründet, aus denen 1957 der VEB Flugzeugwerke entstand. Das gleichzeitig gegründete Forschungszentrum der Luftfahrtindustrie betrieb nach der Verbesserung der sowjetischen Version IL 14 (P), von der über 80 Stück gebaut wurden, die Entwicklung eigener Flugzeugtypen (152), deren Bau nach dem spektakulären Absturz eines Prototyps nicht aufgenommen

11 Flugzeugbau in Klotzsche (um 1958)

wurde. 1961 wurde der Flugzeugbau eingestellt. Aus dem Flugzeugwerk gingen der VEB Elektromat, ein Werk für Automatisierung der Elektroindustrie, der VEB Flugzeugwerft für Reparaturen an Flugzeugen und der VEB Lufttechnische Anlagen hervor. Weiterhin wurde mit dem Zentrum für Mikroelektronik Dresden (hervorgegangen aus der Arbeitsstelle für Molekularelektronik Dresden - kurz AMD) in Dresden ein Hauptstandort der Mikroelektronik in der DDR entwickelt. Zeitweise arbeiteten im Industriegebiet Klotzsche mehr als 15 000 Menschen. Nach 1990 hat sich die Unternehmensstruktur stark verändert und die Zahl der Arbeitsplätze drastisch vermindert. Mit dem Chipwerk von Siemens gelang 1996 eine Großansiedlung, die aber im Bereich der Dresdner Heide und nicht im Industriegebiet erfolgte. Mit der Ansiedlung der amerikanischen Firma AMD im Gewerbegebiet Rähnitz 1999 ist Dresden zu einem Standort der Halbleiterindustrie von europäischer Dimension geworden.
Der Flughafen Klotzsche wurde 1935 durch Verlegung des Flugplatzes Dresden-Heller von der Heidesandterrasse auf die Hochfläche nordwestlich von Altklotzsche errichtet. Mit der Anlage des Flughafens an dieser Stelle war die Umsetzung von Bauernwirtschaften und die Abtragung der Rähnitzer Windmühle und der Klotzscher Wasserbehälter notwendig. Es erfolgte der Bau des neuen Wasserturmes und neben dem Flughafengebäude, dem Hansahaus, die Errichtung von Verwaltungsbauten. Nach dem zweiten Weltkrieg nahm der Flughafen 1957 den zivilen Luftverkehr (neben der militärischen Nutzung) wieder auf. In den achtziger Jahren erfolgte der Ausbau der Piste und Abstellflächen. Dem stark gestiegenen Flugverkehr war das alte Hansahaus nicht mehr gewachsen. Nach Errichtung des Flughafenterminals 2 in einfacher Bauweise wurde in einem alten Hangar der Flugzeugwerke ein modernes Terminal eingerichtet, das im Jahr 2000 übergeben

wurde und den inzwischen stagnierenden Flugverkehr (ca. 1,6 Mio. Fluggäste) spielend bewältigt. Heute existieren von Klotzsche Flugverbindungen zu den wichtigsten deutschen Flughäfen und zu zahlreichen europäischen Urlaubsorten.

Langebrück, Ortschaft von Dresden

Der Ort wird 1288 erstmals erwähnt. Die Herkunft des Namens ist umstritten. Zum einen soll »Langenbrüke« einen Übergang über den schmalen Dorfbach, den Roten Graben, bezeichnen, zum anderen einen Ort am langen Knüppeldamm, einen Bohlen-

12 Häuschen im Saugarten Langebrück

weg. Das sich am Roten Graben hinziehende Reihendorf Langebrück verdankt seine Gründung der mittelalterlichen bäuerlichen Landnahme. In der 729 ha umfassenden Flur hat sich das Wegenetz der Waldhufengliederung teilweise bis heute erhalten. Langebrück liegt etwas abseits von großen Durchgangsstraßen und die Straße nach Klotzsche am Rand der Heide ist die wichtigste. Der alte Verkehrsweg nach Dresden führte durch die Heide (der frühere Kolmische Weg, jetzt Kannenhenkel). 1845 erhielt Langebrück mit der Verbindung Dresden-Neustadt-Radeberg Eisenbahnanschluß.

1698 gab es im Ort unter anderem 41 Bauerngüter. Die Häusler im Ort, 1817 insgesamt 49, waren meist Bandmacher, Leineweber, Posamentierer und Seiler.

Das alte Erblehngericht in der Mitte des Dorfes wird 1444 erwähnt. Weitere Schänken kamen hinzu und 1817 sollen eine Brauerei, eine Brennerei und eine Bäckerei sowie Fischerei existiert haben. Weiterhin gab es seit 1524 unterhalb des Mühlteiches die Teichmühle. Von alten Dorfbauten blieben nur wenige übrig, da häufig Brände das Dorf heimsuchten. Nur die Wohngebäude der Gehöfte Hauptstraße 19 und 21 sind alte Fachwerkbauten.

Die Kirche im unteren Teil des Friedhofs ist ein rechteckiger Saalbau, der mehrfach verändert wurde. Der Glockenturm im Osten stammt von 1929. Zu den bemerkenswerten Ausstattungsstücken aus dem letzten Drittel des 17. Jahrhunderts gehören ein kleiner Altar, der Taufstein und die Kanzel. Das der Kirche gegenüberliegende Forstgut aus der Mitte des 18. Jahrhunderts als ummauerter Dreiseitenhof besitzt ein zweigeschossiges, siebenachsiges Forsthaus mit Bruchsteinsockelgeschoß und verbrettertem Fachwerkobergeschoß.

Bis zur Mitte des 19. Jahrhunderts wohnten in Langebrück nur Bauern und Häusler. Nach 1862 erfolgte der Bau neuer Ortsteile

beiderseits des Eisenbahndammes, die dem Ort einen völlig veränderten Charakter verliehen. Ein oberes Villenviertel erstreckt sich von der Dresdner Straße bis zum Heiderand. Zu den Häusern des niederen Villenviertels kam 1912 ein Freibad. Zu den Sommergästen aus Dresden, die um 1900 jährlich bis zu 1200 zählten, gehörten vor allem Wissenschaftler, Ärzte, Künstler und Schriftsteller, von denen manche Langebrück als ständigen Wohnsitz im Ruhestand nahmen, so z. B. der Direktor des Grünen Gewölbes, Jean Louis Sponsel. Auch der kommunistische Arzt und Dichter Friedrich Wolf, nach dem eine Straße benannt ist, hat 1918 bis 1919 in Langebrück gelebt.
1875 wurde ein Kurbad eröffnet, das später Kurhaus und Gaststätte Lindenhof genannt wurde. Das Haus war lange Zeit Ferien- und Schulungsheim und erhielt 1972 bis 1973 einen Erweiterungsbau. Heute gehört es der Technischen Akademie Esslingen.

Moritzburg-Pillnitzer Weg

Das Teilstück des Weges von Moritzburg nach Pillnitz wurde nach 1767 in der Dresdner Heide angelegt. Der Weg war die wichtige Verbindung zwischen den kurfürstlichen Schlössern beider Orte. Die Linienführung in der Heide fällt fast mit dem in der Karte von Oeder (1572) als »Mundstück« bezeichneten Weg zusammen. Dieser Name geht auf eine volkstümliche Auslegung eines alten Waldzeichens zurück.
Der Weg führt von Moritzburg kommend zum Heiderand im Stadtteil Hellerau, überschreitet auf der Küchenbrücke (bei Oeder »an der Kuchen«) die Prießnitz und führt nordöstlich oberhalb des Fischhauses über den Eisenbornbach Richtung Bautzner Straße. Am Gutebornbach steht rechts des Weges der König-Albert-

Obelisk. Der Monarch gab nicht nur dem hier beginnenden Albertpark, dessen Einrichtung in seine 29jährige Regierungszeit fällt, den Namen, sondern war auch selbst ein passionierter Jäger. Am links vom Weg gelegenen Wolfshügel existierte im 16. Jahrhundert ein Areal zur Haltung von Wölfen für die Jagd. Das 1886 errichtete Aussichtsgerüst wurde 1912 durch einen 24 m hohen Steinturm von Hans Erlwein ersetzt. Der Turm wurde 1945 von der SS gesprengt.
Der Pillnitz-Moritzburger Weg erreicht an der Mordgrundbrücke beim Stechgrund die Bautzner Straße. Er reichte früher von hier über die heutige Schillerstraße in das Elbtal, um vom Dorf Loschwitz entlang der Elbe an sein südliches Ziel zu führen.

Oltersteine

Die zwei etwa 1,5 m hohen Braunkohlenquarzite (Knollensteine) mit einer Kantenlänge von je ungefähr 3 m befinden sich nordwestlich der Autobahnauffahrt Dresden-Hellerau in der Jungen Heide (s. Tour 5). Diese Steinblöcke gelangten während der Elsterkaltzeit aus dem Niederlausitzer Tertiärgebiet hierher. Sie weisen zum Teil eine polierte Fläche sowie unregelmäßige Vertiefungen auf. Daher wird die Steinanordnung auch als heidnische Opferstätte und der Name Olter als Altar gedeutet. Die Steine und der südlich gelegene Teich mit einer 8 m breiten und etwa 80 m langen Wasserfläche, der seine Bezeichnung von den Steinen erhielt, stehen seit 1937 unter Naturschutz.
Die 500 m südwestlich vom Olterteich gelegene kleine Wasseransammlung wird der Rote Teich genannt. Der 10 x 20 m große Teich erhielt seinen Namen von dem roten Sand, der in der Nähe an der Oberfläche vorkommt. Er ist ein typischer Himmelsteich

ohne Zufluß. Hier lagern älteste Bildungen der Oberen Kreide, die in ihren untersten Partien aus konglomeratischen Schichten und darüber aus einem 0,2-0,4 m mächtigen Ton bestehen. Unter den Kreideschichten findet sich Syenit, der bis zu einer Tiefe von 1 bis 1,5 m lehmig zersetzt ist.

Prießnitz

Die Quelle des 24 km langen Seitenflusses der Elbe liegt im Rossendorfer Teich (281 m ü. NN). Ihre Mündung in die Elbe liegt nahe des Diakonissenhauses in Dresden-Neustadt (106 m Höhe). Der Name des Flusses, 1441 »Breßynicz«, 1527 »Brißenitz«, rührt von der altsorbischen Bezeichnung »breza« (Birke) her. Nachdem die Prießnitz von der Quelle an in nordwestlicher Richtung geflossen ist, biegt sie am Waldbad Klotzsche fast rechtwinklig nach Südwesten. Die Ursache für diese Richtungs-

13 Die Oltersteine in der Jungen Heide

änderung wird auf die Ausbildung des heutigen Elbelaufes seit dem Miozän und einen alten, nach Nordwesten führenden Flußlauf in Zusammenhang gebracht. Hier kreuzen sich auch zwei tektonische Linien, die Westlausitzer Störung und die Lausitzer Verwerfung. Die östlich der Heidemühle gelegenen Steinbrüche im Prießnitztal lassen den geologischen Aufbau der Umgebung erkennen. Der anstehende Lausitzer Granodiorit drang in varistischer Zeit auf und erstarrte unter einer mächtigen Schicht von Grauwacken. Die Grenzfläche zwischen den Gesteinen ist durch Aufschmelzungserscheinungen recht unscharf.

Nördlich vom heutigen Bahnhof Klotzsche in etwa 160 m ü. NN reichte vermutlich eine alte Prießnitz als Nebenfluß der präelsterzeitlichen Elbe in den Fluß. Als vom Osten her mächtige elsterkaltzeitliche Schmelzwassersedimente in das Tal gelangten, wurde der Abfluß nach Nordwesten und Norden versperrt, was zur Verlegung der Prießnitz nach Südsüdwesten führte. Die Laufänderung muß zu Beginn der Saalekaltzeit beendet gewesen sein.

Die Talform, die einer Kerbsohle mit einer Auenbreite bis 50 m (stellenweise sogar bis 100 m) entspricht, wird durch drei Terrassen in verschiedener Höhe gebildet. Die beiden unteren, zusammen nur etwa 3 m hohen Terrassen laufen teilweise ineinander, während die höchste etwa 10 m mächtig ist.

Im Sommer führt das zwischen 3 und 5 m breite Bachbett wenig Wasser, so daß Flußbänke aus hellgelbem Sand bloßliegen. Bei Hochwasser (wie z. B. 2002) bildet mitgebrachtes Reisig und Holz eine Ablagerung an vielen Stellen aus.

Durch Zerstörung früherer Uferschutzbauten tritt weitere Erosion ein, die an Prallhängen sogar zu Abbrüchen führen kann. 500 m oberhalb des Nesselgrundes quert ein Riegel aus verändertem Granodiorit das Bachbett und bildet so einen niedrigen Wasserfall aus, der eher einer Stromschnelle gleicht.

An einem Betonwehr oberhalb der Einmündung des Nesselgrundes befindet sich der Wassereinlauf zu dem 1902 errichteten Luftbad Klotzsche.
Von den insgesamt 35 Nebenbächen erreichen zwischen Kannenhenkel- und Kellerbrücke nur wenige die Prießnitz. Von rechts münden das Steingründchenwasser an der Kannenhenkelbrücke und das Schwarze Bildwasser. Zwei weitere von rechts kommende Rinnsale im Kleinen und Großen Kretzschelgrund versickern bereits etwa 500 m vor der Prießnitz im Heidesand. Diese Erscheinung ist am östlichen Elbtalrand häufig zu finden. So versiegt auch das Sandschluchtflüßchen, das auf seiner Länge von gut 1 km etwa

14 Die Gänsefußbrücke über die Prießnitz

70 m Gefälle überwindet, kurz vor der Einmündung in die Prießnitz bei Meschwitz' Ruhe. Die sehr starke Erosion des Sandschluchtflüßchens soll durch Einbau von Holzplanken vermindert werden.

Bei der Einmündung von Sandschluchtflüßchen und -weg in das Prießnitztal befindet sich Meschwitz' Ruhe. Die 1,5 m hohe Granitsäule erinnert an den Forstmeister und Autor der ersten Monographie zur Dresdner Heide, Friedrich Wilhelm Meschwitz, der unter anderem 1876-79 den Sandschluchtweg ausbauen ließ.

Im Unterschied zum Lößnitzgrund ist die Waldvegetation im Prießnitztal einförmig und forstlich stark umgewandelt. Die Oberhänge und Plateaulagen weisen meist Kiefern auf und nur einzelne, zum Teil alte, starkästige Rotbuchen sind hier zu finden. Seltener treten reine Buchenbestände auf, doch sind im Talgrund heute meist Fichten vorhanden.

Die Bodenflora der Kiefernforsten weist Arten wie Adlerfarn *(Pteridium aquilinum)*, Pillensegge *(Carex pilulifera)* und Wiesenwachtelweizen *(Melampyrum pratense)* auf. Pfeifengras *(Molinia coerulea)* und andere feuchteliebende Arten gehen auf den Bestand in ehemaligen Eichen-Birken-Forsten feuchter Ausprägung zurück, während das Auftreten von Zittersegge *(Carex brizoides)*, Waldzwenke *(Brachypodium silvaticum)* und Riesenschwingel *(Festuca gigantea)* auf frühere Laubholzbestände hindeutet. In den bodensauren Nadelforsten kommt das subatlantisch-montane Steinlabkraut *(Galium hercynicum)* vor. Zudem wiesen die staunassen Senken Erlen-Sümpfe mit Roterle, Sumpfreitgras *(Calamagrostis canescens)*, Flatterbinse *(juncus effusus)* und Sumpfpippau *(Crepis paludosa)* auf.

In der Umgebung des Prießnitz-Wasserfalls ist die Vegetationsgliederung besonders gut ausgebildet. Hier finden sich wegen der erhöhten Luftfeuchte zahlreiche anspruchsvolle Laubwaldpflanzen wie Nickendes Perlgras *(Melica nutans)*, Springschaumkraut *(Cardamine impatiens)*, Sternmiere *(Stellaria holostea)*, Bingelkraut *(Mercurialis perennis)* und Mauerlattich *(Mycelis muralis)*. Zahlreiche Farne wie Tüpfelfarn *(Polypodium vulgare)* und Männlicher Wurmfarn *(Dryopteris filix-mas)* sowie die Teufelsklaue *(Huperzia selago)* treten an den Felsen auf.

Im Wasser der Prießnitz finden sich Flohkrebse *(Amphipoda)*, Strudelwürmer *(Turbellaria)* und andere niedere Wassertiere. Hier am Fließgewässer halten sich Stockente und Gebirgsstelze auf, während wir in der Nähe des Ufers Gimpel und Zaunkönig antreffen.

Erst seit Ende 1967 werden systematische hydrographische Beobachtungen an der Prießnitz am Pegel Dresden-Klotzsche (100 m

15 Verlorenes Wasser in der Heide

unterhalb des Wasserfalls) vorgenommen. Abflußspitzen kommen bei Stark- und Dauerregen im Einzugsgebiet wegen der zunehmenden Versiegelung von Flächen in Weißig vor. Hohe Abflußmengen können in der Prießnitz auch im Winter auftreten, wenn der Schnee bei Warmluftzufuhr rasch schmilzt und gleichzeitig weitere Niederschläge fallen. Durch Hochwasser können erhebliche Schäden am Flußbett entstehen, was zahlreiche frische Abbruchstellen an den Prallufern und die zerstörten Uferbefestigungen längs der Talstraße bezeugen. Auf hohe Transportleistungen des Flusses bei Hochwasser weist auch der Sandschwemmkegel an der Einmündung in die Elbe hin, der selbst zu Störungen der Schiffahrt führen kann.

Rähnitz, Stadtteil von Dresden (Ortsamt Klotzsche)

Das Dorf Rähnitz, das 1919 mit Hellerau zu Rähnitz-Hellerau vereinigt wurde, führt seit 1938 die Bezeichnung Hellerau II. Es wurde 1268 erstmalig als »Ranis« (altsorbisch »Ronyz« Ort des Raniš) urkundlich erwähnt. Als Straßenangerdorf angelegt, gehörte es von 1547 bis zur Aufhebung der Patrimonialgerichtsbarkeit in der Mitte des 19. Jahrhunderts zum einen Teil dem Rittergut Döhlen, zum anderen dem Amt Moritzburg. Der Döhlener Teil hieß Bullengemeinde, da er den Gemeindebullen stellte. Der zweite Teil wurde als Klöppelgemeinde bezeichnet, da die Bewohner ein Klöppel zur Arbeit rief. Mit dem Bau des Flugplatzes Klotzsche 1935 und dem der Autobahn 1938 gingen der Rähnitzer Flur, zu der seit dem 16. Jahrhundert Stücke des Vorwerkes »Knapsdorf« gehörten, große Anbauflächen verloren.
Die alte dörfliche Bauweise der Häuser blieb längs der Dorfstraße (seit 1945 Bauernweg) in Drei- und Zweiseithöfen sowie

Häuslerbauten erhalten. Die seit 1804 als Holländermühle umgebaute Windmühle war seit 1900 als Gaststätte eingerichtet und wurde 1935 beim Bau des Klotzscher Flughafens abgebrochen. Kirchlich gehörte Rähnitz seit mindestens 1539 zu Reichenberg. Der 1899 errichtete Friedhof wurde 1904 mit einer kleinen Kapelle versehen, die in ihrem Stil den Dorfkirchen in der Umgebung angepaßt ist. Als bemerkenswertes Denkmal sei die Meridiansäule, volkstümlich Butterfaß genannt, erwähnt, die der Geodät und Astronom Wilhelm Gotthelf Lohrmann 1828 zu Vermessungszwecken errichten ließ. Die 10 m hohe Säule an der Meridianstraße hatte eine Entsprechung in der zweiten Säule in Rippien südlich von Dresden.

Der bemerkenswerte Anstieg der Einwohnerzahl von Rähnitz zwischen 1890 und 1910 hatte die gleichen Ursachen wie die Entwicklung von Königswald und entsprang aus der Entwicklung eines Wohnviertels, das sich südlich vom Dorf zum Heller zu erstreckt. Die Bebauung erfolgte in städtischem bzw. vorstädtischem Stil vielfach mit einstöckigen Wohnhäusern.

Während Rähnitz bis etwa 1990 vor allem durch Landwirtschaft geprägt war und hier die Feldwirtschaft vor allem auf den Futteranbau zur Versorgung der hier gehaltene Tiere angelegt war, ist deren Bedeutung seit 1990 zurückgegangen. Durch die Anlegung des Gewerbegebietes Rähnitz hat sich der Charakter des Ortsteil völlig verandert. Während vor 1990 als gewerbliches Unternehmen nur der VEB Draht- und Federnwerk existierte, weist der Ortsteil heute nach der Anlage des Gewerbegebietes nördlich der neuen Autobahnabfahrt Dresden-Flughafen eine völlig veränderte Struktur auf. Mit der Ansiedlung der Chipfabrik des amerikanischen Konzerns Advanced Microsystem Devices (AMD) 1999 hat der Ortsteil eine bedeutende Industrieanlage und weitere Unternehmen sowohl des produktiven Bereiches wie des Handels im Gewerbegebiet erhalten, wodurch die Zahl der Arbeitsplätze hier stark gestiegen ist. Die meisten Beschäftigten pendeln aber aus anderen Stadtteilen und Orten ein, was durch eine Busanbindung gefördert wird.

Schwarzes Kreuz

Das schwarze Kreuz am Kannenhenkel soll zur Erinnerung an die Erschießung eines schwedischen Offiziers im Nordischen Krieg (1706) bzw. an ein Duell zweier Offiziere im Jahre 1715 errichtet worden sein. Wahrscheinlich gab es hier schon ein älteres Gebetskreuz, das 1572 als Drebischkreuz und 1602 als Schwarzes Kreuz bezeichnet wird.

Tanzzipfelwiese

Die Tanzzipfelwiese ist eine der Hofewiesen. Sie ragt von Ullersdorf mit zwei spitz zulaufenden Enden (früher 3) in die Dresdner Heide hinein. Heute sind die Tanzzipfelwiese und die ehemalige Grüne Zipfelwiese erhalten, während der Döhnertszipfel wieder mit Wald bewachsen ist. 1932 war die 12 Acker große Tanzzipfelwiese an 7 verschiedene Besitzer aufgeteilt. Sie wird bis heute landwirtschaftlich genutzt. Nach Meschwitz soll die Entstehung des Namens Tanzzipfelwiese auf eine Sage zurückzuführen sein, nach der der Kurfürst August der Starke nach einer Jagd in der Heide demjenigen die Wiese als Eigentum überwies, der sie ohne Unterbrechung umtanzte. Das soll einem Jägerburschen gelungen sein. Als Bezeichnung für diese Fläche werden auch »Tannenzipfel«, »Tanzborn« (bereits 1560 in einer Karte) und »Tanzzipfelgraben« bzw. »Tanzzipfelteich« genannt.

Todmühle (Ullersdorfer Mühle)

Die Tod- oder Totenmühle, auch Ullersdorfer Mühle genannt, liegt an der Einmündung der Straße »An der Prießnitzaue« in die Ullersdorfer Landstraße in der Nähe der Prießnitz. Der Name wird von der bereits 1568 erwähnten nahen Todbrücke abgeleitet (1600 die Bezeichnung »an der Todbrüken«). Die alte Mühle gleichen Namens steht in unmittelbarer Nähe der heutigen Gaststätte und war mit einem Sägegatter ausgestattet.

Ein früherer Frühlingsbrauch, das Todaustreiben, das vor allem in der Radeberger Umgebung lange Zeit gebräuchlich war, wird mit dem Namen Todmühle, Todbrücke und Todberg ebenfalls in Verbindung gebracht. Bei diesem Brauch soll am Sonntag Lätare, dem dritten Sonntag vor Ostern, die Dorfjugend ein männliches oder weibliches »Phantom von Stroh« als Sinnbild des Todes nutzen, um es nach einem Umzug auf den Todwiesen zu verbrennen. Die Asche wird im Wasser zerstreut und so der Winter ausgetrieben. 1745 kam es zu einem tragischen Unfall, weshalb die weitere Ausübung des Brauches verboten wurde.

Die Gaststätte sowie die im 20. Jahrhundert erbauten Wohnhäuser bilden als Ortsteil Ullersdorfer Mühle den westlichen Zipfel von Ullersdorf.

Trobischberg (222,8 m)

Der nordöstlich von Altklotzsche gelegene Trobischberg wird nach einem verbreiteten Familiennamen bezeichnet. Er besteht aus frühpleistozänem (evtl. pliozänem) Elbschotter, überlagert von präglazialen Flußschottern. Die pliozänen Ablagerungen bestehen vorwiegend aus Milch- und Gangquarzen, Kieselschiefern und Quarziten.

Ullersdorf, Ortsteil von Radeberg, Westlausitzkreis

Der Ort am östlichen Waldrand der Dresdner Heide beiderseits des schwach geneigten Tales des Ullersdorfer Wassers ist eine Gründung eines Lokators Ulrich. Dieses »Ulrichstorf« zinste 1378 dem Markgrafen Friedrich dem Strengen und unterstand dem castrum Dresden. 1535 wird »Vllerßdorff« mit der oberen und niederen Gerichtsbarkeit in einem Lehnbrief als Pertinenz zum Rittergut Schönfeld genannt. Danach gehörten nur die Oberförsterei, ein Bauerngut sowie mehrere Häuser zum königlichen Amt. Das hatte die kirchliche Trennung der Ullersdorfer Einwohner zur Folge, indem der sogenannte Schönfelder Anteil um den Dorfteich nach Weißig, die Amtsgemeinde dagegen nach Großerkmannsdorf pfarrte. Das zum Bischofsweg führende Kirchgässel und der nach Weißig führende Kirchweg, auch Leichenweg genannt, erinnern noch heute daran.
Der Ort mit der 299 ha großen Flur wird begrenzt vom Bischofsweg, dem Hempelsberg, der Prießnitz sowie dem Heiderand mit der Ullersdorfer Hofewiese. Der älteste Teil des Doppelzeilendorfes befindet sich am Dorfteich. Hier war im 19. Jahrhundert auch das Richter- und Schenkgut.
Der neuere Teil des Dorfes entstand in der Nähe des um 1830 errichteten Ullersdorfer Gasthofes. Die Ullersdorfer Schmiede, schon 1762 urkundlich belegt und seit 1871 mit Schankrecht ausgestattet, brannte 1895 durch Blitzschlag nieder und wurde wiederaufgebaut. Sie wurde ständig als Gaststätte genutzt und ist heute chinesisches Restaurant.
Die fronpflichtigen Bauern von Ullersdorf wurden zu Treibjagden, die häufig in kurzen Abständen hintereinander stattfanden, sowie zu Wildbretfuhren herangezogen, was auch in Ullersdorf 1790 zu den in der Gegend weitverbreiteten Jagdunruhen führte.

Belastend für die Einwohner erwiesen sich auch die Wildschäden, die auf den Feldern und Wiesen zeitweilig durch große Rudel von Schwarz- oder Rotwild aus der Heide hervorgerufen wurden. Zum Ausgleich hatten die Bauern die Erlaubnis, in der Heide Hutung, Trift und Bienenzucht zu betreiben.
Mit der Neueinteilung der Dresdner Heide 1602 erhielt Ullersdorf eine Revierförsterei und für den Förster wurde ein eigenes Haus gebaut. 1778 kam das Erkmannsdorfer Revier dazu. Seit 1922 befindet sich hier eine Revierförsterei. Der ehemalige Forsthof steht wegen des kultur- und baugeschichtlichen Wertes unter Denkmalschutz. Von der ursprünglichen Mauer des Hofes blie-

16 Farne in der Dresder Heide

ben nur noch spärliche Reste. Im Wald hinter der früheren Ullersdorfer Oberförsterei befinden sich 5 Grabdenkmäler von Forstbeamten aus dem 18. und 19. Jahrhundert, die bis zum Anfang des 20. Jahrhunderts auf dem Friedhof Großerkmannsdorf gestanden haben.
Der Großteil der Einwohner war früher in der Forstwirtschaft oder als Wildwärter, Zeichenschläger, Pechbrenner oder Vogelsteller in der Dresdner Heide tätig. Heute pendeln 90% der berufstätigen Einwohner nach Dresden oder Radeberg aus. Der Ort erhielt nach 1990 eine Golfanlage, die neben der in Possendorf die wichtigste für Dresden ist.

Waldpark Klotzsche

Der Waldpark in Klotzsche-Königswald erstreckt sich zwischen Nesselgrund, Eisenbahnlinie und Großem Kretzschelgrund. Der Waldpark entstand, als in den neunziger Jahren des 19. Jahrhunderts die umfassenden Landhaussiedlungen Alberthöhe und Königswald einen Ausgleich suchten. So erwarb Klotzsche das Waldgebiet mit 180 ha Größe von der staatlichen Forstverwaltung. Es ist bevorzugt mit Kiefern, Stieleichen und Rotbuchen bestanden. Ausgebaute Fußwege und viele Ruhebänke betonen den besonderen Charakter des Parkes, der auch Tennisplätze aufweist.
Die hier befindliche Kurwiese, früher auch das Chur genannt, gehörte seit Jahrhunderten zum Ort Klotzsche. Diese 500 m lange Feuchtwiese wird mitten im Wald von hohen Binnendünen begrenzt. Der Name als kurfürstliche Wiese scheint auf die Besitzverhältnisse hinzudeuten. Nach einer Sage soll das Vieh von den Einwohnern des Dorfes auf dieser Grünfläche gemeinsam, d. h. im Chor, gehütet worden sein.

Weißer Hirsch, Stadtteil von Dresden (Ortsamt Loschwitz)

Die Besiedlung des Weißen Hirsches geht auf das Jahr 1664, als der Oberküchenmeister Georg Ernst von Dölau auf einem »wüsten Platz«, an dem 1572 eine Bierschenke gestanden hatte, einen Weinberg mit einem Winzerhaus anlegte. Hier errichtete der kurfürstliche Kapellmeister Christoph Bernard ein Haus, dem er den Namen »Zum Weißen Hirsch« gab. Er erhielt 1688 sogar das Schankrecht. In der Nähe des Gutes befand sich seit 1685 die Lohschenke. Aus ihr wurde 1733 das Haus Zum Weißen Adler. Der Weiße Hirsch wurde unter dem Oberlandweinmeister Roos als Mittelteil des Kurhauses neu erbaut. Daneben stand von 1769 bis 1802 eine holländische Windmühle. In der Gegend um die Mühle siedelten um 1775 Häusler, die ab 1838 eine eigene Landgemeinde bildeten.

17 Weißer Hirsch mit der Holländischen Windmühle

Nach 1856 entstand gegenüber dem Gut ein Gasthof, auf dessen Grund heute das Gebäude des ehemaligen Parkhotels steht. 1867 wurde daneben das Fridabad erbaut. Der Weiße Hirsch wurde zunehmend als Sommerfrische genutzt und erlebte eine enorme Blüte, die durch den Ausbau des Ortes und die Anlegung des Waldparks vor allem durch Max Ludwig Küntzelmann vorangetrieben wurde. Er kaufte 1874 das Gut Weißer Hirsch, erweiterte das Herrenhaus zum Kurhaus und legte eine Villenkolonie an. Ihm wurde 1881 ein Denkstein mit Bronzerelief an der Bautzner Landstraße/Ecke Luboldtstraße gesetzt. 1883 eröffnete Heinrich Lahmann neben dem Fridabad am Stechgrund ein Sanatorium. Sein Sanatorium erlangte europäischen Ruf und hatte 1905 etwa 4000 Kurgäste, von denen einige bedeutende Persönlichkeiten waren. Nach 1945 war das Sanatorium Militärlazarett der Roten Armee und wurde 1992 an die Treuhandanstalt übergeben. Danach verfiel es ungenutzt zusehends.Im angrenzenden Stechgrund befinden sich die Schwesternquelle, die trotz ihrer geringen Wasserqualität einige Zeit für das Trinkwasser genutzt wurde, und die Degelequelle. Beide sind sehr schön wiederhergestellt.
Südlich der Bautzner Landstraße befindet sich der größere Teil vom Weißen Hirsch. Die ältesten Villen, teilweise als Mietzinshäuser gebaut, finden sich an der Luboldtstraße und am Rißweg. 1876 wurde an der Kurparkstraße die Schule und 1889 an der Stangestraße eine evangelische Kapelle gebaut. Große Häuser mit ausgedehnten Gartenanlagen säumen Lahmannring, Küntzelmannstraße, Wolfshügelstraße. Hier liegt die Grenze zur Loschwitzer Gemarkung mit Collenbuschstraße und Plattleite. Die Plattleite endet am Restaurant Louisenhof, der wegen seiner herrlichen Aussicht insbesondere auf die Stadt »Balkon Dresdens« genannt wird. Aus dem früheren Kurort rühren noch heute zahlreiche Pensionen her.

Nördlich der Bautzner Landstraße liegt der Kurpark mit dem Konzertplatz und den Tennisplätzen. Ostwärts davon führt die Straße Am Hochwald zur katholischen Kirche und zum 1898 eingeweihten Waldfriedhof. Zwischen diesem und der Heinrich-Cotta-Straße erfuhr der Weiße Hirsch in den fünfziger Jahren des 20. Jahrhunderts seine letzte größere Erweiterung mit dem Bau von Einfamilienhäusern. Östlich davon liegt das Klinikum

18 Partie am Stechgrund, Weißer Hirsch

Weißer Hirsch des Krankenhauses Dresden-Neustadt. Längs der Bautzner Landstraße geht der Weiße Hirsch ostwärts ohne spürbare Grenzen in das Villenviertel Neubühlau über.

Weißig, Ortschaft Schönfeld-Weißig in Dresden

Der Ort Weißig, dessen Name auf das altsorbische »vysok« (hoch) zurückgeht, soll 1235 erstmals urkundlich erwähnt worden sein, als der Burggraf von Dohna mehrere Hufen Land dem Kloster Zelle schenkte. 1357 ist ein sicherer Nachweis für den Ort zu erbringen, als die Markgrafen die »Landbete an gelde und getreyde in Wysoch« verpfändeten. 1378 gehörte Weißig zum markgräflichen Amt. Von 1421 bis 1543 bezog das Augustinerkloster von Altendresden Zinsen und Abgaben der fronpflichtigen Bauern von Weißig. Danach unterstand der Ort dem Rittergut Schönfeld. Von 1606 bis 1803 wurde in Weißig lediglich formell ein Rittergut geführt, obwohl die zuständige Grundherrschaft im Dorf weder eigene Wirtschaftsgebäude noch Nutzfläche besaß.

Geologisch wird die Weißiger Gemarkung durch unterschiedliche Gesteine und deren Verwitterungsprodukte geprägt. Die ertragreichsten Felder liegen im südöstlichen Teil der Gemarkung, weil hier über dem Zweiglimmergranodiorit eine mit Lößlehm vermischte Decke aus Granodioritgrus besteht. Die Flurteile entlang der Prießnitz wiesen nur eine Grünlandnutzung auf. Die Hügelkette zwischen Hutberg (311,1 m) und Napoleonstein (343,9 m) wird vorwiegend aus Porphyrit und Konglomerat des Rotliegenden sowie kreidezeitlichem Sandstein aufgebaut. Diese wenig ertragreichen Böden waren früher der Weidenutzung vorbehalten.

Das Hochland wird vom Weißiger Dorfbach entwässert, der alle Bäche zwischen Gönnsdorfer Höhe (318,7 m) und den Weißiger

Bergen aufnimmt und in der Nähe der Ullersdorfer Mühle in die Prießnitz fließt. Er bildet westlich der Bautzner Straße eine 1,3 km lange Achse, an deren Seiten die Gehöfte des Waldhufendorfes Weißig hochwassersicher angelegt wurden. Da die Hufen unterschiedliche Länge aufweisen, besaßen die Bauerngüter auf der Süd- und Ostseite noch Beistücke in der nordöstlichen Flur.
Die Kirche im ummauerten Friedhof wurde 1632 bis 1633 erbaut und erfuhr 1901 eine völlige Umgestaltung außen wie innen. Dadurch ist die einheitliche Ausstattung des Innenraumes von Elementen des Jugendstils bestimmt. Der von dickem Mauerwerk umschlossene quadratische Westturm mit Fachwerkobergeschoß, Satteldach und spitzem Dachreiter blieb unverändert. Am Orgelprospekt wie am Kanzelkorb ist reiches Schnitzwerk zu finden. 1963 erfolgte eine Neufassung des Altars und eine Umgestaltung des Innenraumes.
Das 1728 errichtete, 1742 umgebaute Pfarrhaus besitzt zwei massive Geschosse mit Mansarddach, die ihre siebenachsige Vorderfront der Straße zuwenden. Zur Parochie Weißig zählten längere Zeit Pappritz, Gönnsdorf und Teile von Ullersdorf. Eine Schule soll in Weißig schon 1555 bestanden haben. Die zwei zu Weißig gehörenden Mühlen waren die 1529 erstmalig genannte Heidemühle und die in der Ortsmitte gelegene, die sich 1546 erstmals nachweisen läßt. Ein altes Steinkreuz aus Sandstein mit einer eingeritzten Armbrust, das auf dem Kirchhof gefunden wurde, ist gegenüber dem früheren Bahnhof auf der Wiese unter Eichen neu aufgestellt worden.
Seit der Wende vom 19. zum 20. Jahrhundert hat sich die Dresdner Stadtgrenze bis an die Weißiger Flur ausgedehnt. 1904 erhielt der Ort Anschluß an das Dresdner Gasnetz. 1908 wurde die Straßenbahn von Bühlau nach Weißig verlängert, doch später durch O-Busse ersetzt. Die Linie fuhr von Weißig bis nach Löbtau.

Diese Einrichtungen führten zu einem raschen Anwachsen der Einwohnerzahl, da sich vor allem in der Industrie Beschäftigte hier niederließen.
Das Wohngebiet Altweißig beiderseits der Hauptstraße erfuhr nach der Trockenlegung des Teiches zwischen der Pillnitzer und der Talstraße eine östliche Erweiterung. Neuweißig nördlich der Bautzner Straße entwickelte sich aus einer Gruppe von Kleinstsiedlerstellen im Gebiet der Dreihäuser. Außerdem gehören zum Dorf noch einzelne Grundstücke am Heiderand und die Sommerhäuschen am Marienbad. Eine starke Erweiterung erfuhr Weißig nach 1990 mit der Einrichtung des Wohn-und Gewerbeparks, wodurch östlich und westlich des Dorfbaches zahlreiche Wohnneubauten entstanden. Hier war durch das Meliorationsvorhaben »Einzugsgebiet obere Prießnitz« bis 1972 entwässertes Ackerland entstanden. Damit begann die Verringerung der Wasseraufnahme im Bereich der oberen Prießnitz, die durch die Versiegelung der

19 Altarme der Prießnitz

Fläche durch Bebauung ab 1991 bei starkem Niederschlag die Wasserbelastung im Unterlauf der Prießnitz dramatisch erhöht, so z. B. im August 2002.
In Altweißig weisen zahlreiche Bauernhäuser Sandsteingiebel auf. Gegenüber den Wandflächen der Giebel aus Sandstein stechen die Langseiten aus Granitbruchsteinen stark ab.
Die 1905 bis 1906 erbaute Schmalspurbahn von Weißig nach Dürrröhrsdorf wurde 1951 stillgelegt. Der Bereich der alten Bahnhofsanlage ist heute Baumarkt. Seit dem Abbau der Gleisanlagen wird der Bahnkörper als Wanderweg genutzt.
Weißig wurde als Gemeinde Schönfeld-Weißig 1997 nach Dresden eingemeindet.

Weixdorf, Ortschaft von Dresden

Die Ortschaft Weixdorf setzt sich seit 1914 aus vier Dörfern zusammen: Lausa, Friedersdorf, Gomlitz und das ursprüngliche Weixdorf. Lausa besaß wegen der Pfarrkirche und seiner günstigen Lage an der alten Straße nach Königsbrück eine Vorrangstellung, so daß es 1914 zunächst den Namen für den Gesamtort abgab. Dieser wurde später in Lausa-Weixdorf umgewandelt und 1938 der heutige Name Weixdorf für die Ortschaft festgelegt. 1965 wurde Marsdorf nach Weixdorf eingemeindet.
Der Ortsteil Lausa wurde urkundlich 1273 erstmalig erwähnt. 1346 erscheint der Ort in einer Matrikel des Meißner Bistums als zum Kirchspiel Radeberg gehörig. Das ehemalige Amtsdorf unterstand seit 1696 der Grundherrschaft des Rittergutes Hermsdorf. Frühere Schreibweisen sind »Lusyn« (1378), zur Lause (1547) und zur Lausicz (1547). Das Wort geht auf altsorbisch »luea« Sumpf, Pfütze zurück. Es weist auf die sumpfige Niederung, die der Lausa-

und der Schelsbach entwässern. Von den hier vorhandenen Teichen blieb nur der Pfarrteich hinter der Kirche erhalten, in dem man den Rest einer ehemaligen Wasserburg vermutet.

Unter den Bauten Lausas ragt die Pfarrkirche hervor, die auch Roller-Kirche genannt wird. Hier war von 1811 bis 1850 der volkstümliche Pastor David Samuel Roller tätig, den Wilhelm von Kügelgen in seinen weit verbreiteten »Jugenderinnerungen eines alten Mannes« ausgiebig erwähnt. Sein Grabkreuz ist auf dem alten Friedhof erhalten.

Die Kirche mit hohen Spitzbogenfenstern besitzt einen Westturm mit geschweifter Haube und Laterne. Das vierstrahlige Sterngewölbe in seinem Erdgeschoß stammt aus der Erbauungszeit um 1650, während die Wetterfahne des Turmes und die Stuck-Flachdecke im Saal von 1786 stammen. Das Innere wird durch die zweigeschossige Emporenanlage bestimmt. Über der Sakristei an der Nordseite der Kirche befindet sich die Betstube der ehemaligen Hermsdorfer Patronatsherrschaft.

Auf dem an die Kirche angrenzenden Friedhof befinden sich Grabmäler kunstgeschichtlich interessantester Persönlichkeiten, so von Charlotte Sophie Gräfin von Hoym und von Charlotte Dorothea von Schönberg. Neben weiteren Grabmälern des 18. und 19. Jahrhunderts ist der älteste Stein mit der lebensgroßen Darstellung des Pfarrers Theodor Schumann hervorzuheben.

Von der übrigen Bebauung in Lausa ist das »Alte Erb-, Brau- und Schänkgut« nahe der Kirche zu nennen, das Sitz des Erbrichters und zugleich das größte Gut des Ortes sowie die älteste Schänke Lausas ist. Zum Gut gehörte bis 1889 eine Brauerei. Es hatte auch Brot-, Salz- und Fleischverkauf sowie das Tanz- und Herbergsrecht. Innerhalb der Gaststätte ist die Holzsäule als alte Gerichtssäule erkennbar, um die herum bei Gerichtsverhandlungen die Bauern, Gärtner und Häusler nach festgelegter Ordnung getrennt

saßen. Heute noch weist die Gaststätte in ihrer Schauseite altes Fachwerk auf. In den benachbarten Altbauten ist in einigen Beispielen ebenfalls noch Fachwerk vorhanden.
Das ursprüngliche Weixdorf wurde 1378 »Wignandstorf«, 1445 »Wigmanstorff«, 1547 »Weickmansdorff« und 1552 »Weicksdorff«, genannt und ist offenbar nach einem Lokator Wignand bezeichnet. Es besitzt die Form eines Platzdorfes mit einer westlich anschließenden Geländeflur. Weixdorf unterstand wie die übrigen Ortsteile früher dem Rittergut Hermsdorf, anteilig auch dem Brückenamt Dresden.
Die Entwicklung Weixdorfs wurde 1884 mit der Anlage der Eisenbahnlinie Klotzsche-Königsbrück stark gefördert. Seit 1930

20 Partie im Schotengrund

führt die Straßenbahn von Klotzsche bis Weixdorf. Der Anschluß an die Großstadt veränderte die Struktur der Landgemeinden, die aus ehemaligen reinen Bauerndörfern zu einer gemeinschaftlichen Wohngemeinde umstrukturiert wurden. Eine Erweiterung parallel zur Königsbrücker Landstraße weist vielfach einen einfachen Landhausstil, aber auch städtische Bauweise auf.
Neue Siedlungen entstanden 1917 am Fuchsberg und Eierbusch und später die Hollersiedlung an der Teichstraße westlich der Lausaer Teiche (Grundbesitz der alten Dorfmühle; Besitzer Holler). In Lausa bildete sich am Ortsausgang nach Hermsdorf die Vorstädtische Kleinsiedlung am Kügelgenweg. 1928 wurde am heutigen Weixdorfer Rathausplatz das Rathaus, das auch die Sparkasse aufnahm, errichtet.
Nach dem 2. Weltkrieg vollzogen sich in Weixdorf Veränderungen. Die Betriebe am Ort wurden verstaatlicht und so der VEB Optisches Werk Weixdorf gebildet, der die Herstellung von Zubehörteilen für Mikroskope sowie von Brillengläsern und Objektiven betrieb. Die Großtischlerei Willi Groß KG ging nach der Verstaatlichung 1972 als Betriebsteil an das Kombinat Deutsche Werkstätten Hellerau und war auf den Innenausbau (Schiffe der Weißen Flotte, Dresdner Hotels) spezialisiert. Heute ragt unter den Weixdorfer Unternehmen die Firma Feinmess Dresden hervor, die an alte Dresdner Entwicklungen im Feingerätebau anknüpft.
Von dem 1846 zur Hälfte abgelassenen Mühlteich, der vom nur 4 km langen Lausabach gespeist wird, verblieb ein hoher Stirndamm, hinter dem 1906 die Hermsdorfer Rittergutsherrschaft das Bad (heute Waldbad) Weixdorf errichtete, das regen Zuspruch fand. Die zunächst noch vereinzelten Sommerhäuschen erhielten in einer Bauwelle starken Zuwachs an Wochenendhäusern, vor allem nachdem das Waldbad nach 1945 in Gemeindebesitz übergegangen war. Weixdorf wurde 1999 nach Dresden eingemeindet.

Wilschdorf, Stadtteil von Dresden (Ortsamt Klotzsche)

Das Dorf wird erstmalig 1242 als »Ranis maius« (Groß-Rähnitz) erwähnt. Die spätere Schreibweisen »Wilesdorf« (1330), »Wilschtorff« (1445) und »Wilßtorff« (1495) weisen auf ein Dorf am Wolfsbach oder im Wolfsholz hin. Von 1547 bis in die Mitte des 19. Jahrhunderts gehörte Wilschdorf zum Rittergut Hermsdorf. Das Straßenangerdorf auf der Hochfläche in etwa 200 m ü. NN wurde seit 1900 west- und südostwärts längs der Radeburger Straße wie in Rähnitz erweitert. Die dörfliche Altbauweise weist zum Teil sägeblattförmige Gebäudeanordnungen im mittleren Ortsteil auf. Fachwerk ist in Wilschdorf selten vorhanden.
Die Flur Wilschdorf umfaßte 1900 insgesamt 483 ha, wozu auch Teile der Wüstung »Cunnersdorf« südwestlich des Oberen Waldteiches eingegangen sind, was das Boxdorfer Steuerschock-Kataster von 1798 vermerkt. Die Aufteilung erfolgte in sogenannten Gelängen (waldhufenähnliche Schmalstreifen), von denen jeder Bauer durchschnittlich drei besaß, von denen wiederum einer mit dem Hof direkt verbunden war.
Die Dorfkirche ist ein einfacher rechteckiger Saal mit Satteldach, auf dem ein achteckiger Dachreiter mit einer geschweiften Haube thront. Ein älteres spitzbogiges Portal an der Südwand ist als Blende angelegt. Das innere Westportal und die Pforte zur Sakristei mit ihren einfachen Formen stammen aus der Zeit vor der Mitte des 16. Jahrhunderts. Von der Ausstattung ist der Altar bemerkenswert. Sein Mittelbild, eine Abendmahlsdarstellung, ist von kunsthistorisch außergewöhnlicher Bedeutung. Unter den bronzenen Glocken stammt die kleine aus dem 13. Jahrhundert. Die Kirche wurde 1968 renoviert.
Im Pfarrgarten erhielt sich die Portalzone des älteren, 1907 ersetzten Pfarrhauses ein rundbogiges Portal mit einer Tafel von 1612

zur Erinnerung an die Errichtung des Hauses. Auf einer weiteren Tafel ist der Umbau von 1781 vermerkt.
Der ehemalige Dorfgasthof ist wegen seiner 1942 eingebauten Holz-Renaissancekassettendecke interessant, die aus Schloß Altfranken stammt und bei dessen Abbruch 1939 vom damaligen Besitzer erworben wurde. Ebenso ist ein kunstschmiedeeiserner Beschlag der Innentür des Gastzimmer ein besonderer Schmuck des Hauses.
Seit 1950 Stadtteil von Dresden, gehört Wilschdorf heute zum Ortsamt Klotzsche.

21 Grenzstein der Hofewiese

Route 1
Entlang der Prießnitz - von der Mündung in die Elbe bis (fast) zur Quelle (ca. 19 km)

Diese große Heidewanderung beginnt am Diakonissenhaus in der Neustadt, das wir mit der Straßenbahn (Linie 11, eigene Haltestelle) erreichen. Wir gehen an der Mauer des Diakonissenkrankenhauses entlang zur Elbe und können auf einer Brücke des Elbwanderweges die Mündung der Prießnitz in die Elbe betrachten, die wenigstens bei Hochwasser beachtlich ist. Landwärts gewandt, erkennen wir rechts die Gaststätte Drachen (ehemals Drachenschänke). An dieser Stelle befand sich einst das legendäre Linkesche Bad. Auf unserem Weg entlang der Prießnitz nach Ullersdorf gehen wir nun die Straße bis zur Bautzner Straße zurück, überqueren diese und biegen halblinks in die Prießnitzstraße ein, die wir bis zu ihrem Ende begehen und so einen Eindruck von der Äußeren Neustadt in ihrem Übergang zum Preußischen Viertel erhalten. Besonders im oberen Teil können wir den Bach wieder in Augenschein nehmen, da die Bebauung hier auflockert. Rechts sehen wir in einem größeren, schön begrünten Grundstück das renovierte Kraszewski-Museum.

Am Ende der Straße halten wir uns links und wenden uns in die Nordstraße, um an deren Ende den Alaunpark zu erreichen, wo wir rechts dem Eingang in den Prießnitzgrund zustreben und nun keine Sorgen mehr haben, den markierten Prießnitzgrundweg zu verfehlen. Wir unterqueren die Carola-Brücke, über die die Stauffenbergallee führt, und sehen rechts die Gebäude der Heeres-

schule. Am westlichen Rand des Grundes befindet sich das Industriegelände, von dem wir nur wenig entdecken.
Als nächsten Punkt erreichen wir die Küchengrundbrücke, auf deren Höhe das oberhalb des Grundes liegende Industriegelände endet und die nahe gelegene Eisenbahnstrecke unüberhörbar ist.
An der Kellerbrücke queren wir erneut die Prießnitz und treffen bald darauf auf den Sandschluchtweg. Hier befindet sich die Meschwitzruhe, die an den Forstmeister Heinrich Meschwitz erinnert, der die erste große Beschreibung der Dresdner Heide lieferte (s. Literaturverzeichnis).
Nach dieser Einmündung können wir den Weg auf der Forststraße fortsetzen oder linkerhand den ausgeschilderten Wanderweg über die Kuttenbrücke folgen, auf dem wir kurz nach der Todbrücke den Fahrweg wieder erreichen. Bald darauf führt die Weggabelung links über den Todweg und den Nesselgrundweg zum S-Bahnhof Dresden-Klotzsche bzw. zur Straßenbahnhaltestelle »Zur neuen Brücke«, wodurch die Wanderung hier abgekürzt werden kann.
Wir wenden uns rechts in die Prießnitztalstraße, auf der wir am Waldbad Klotzsche vorbeikommen. Danach geht rechterhand ein Weg zur Puschquelle ab.
Die Straße führt am Prießnitzwasserfall vorbei, der in seinen Abmaßen mit berühmten Wasserfällen nicht mithalten kann, aber dennoch seinen landschaftlichen Reiz versprüht. An der Andersbrücke vorbei verläuft der Weg zur Melzerquelle und an Ludens Ruhe sowie der links stehenden Wettinsäule zur Kannenhenkelbrücke, der großen Kreuzung der wichtigsten Wanderwege in der Dresdner Heide. Wir gehen geradeaus weiter, überschreiten die Kuhschwanzbrücke und erreichen die Heidemühle (Gasthof; rechterhand an der Radeberger Landstraße ist ein Imbiß) , wo wir an der Bushaltestelle Anschluß nach Dresden oder Radeberg haben.

Hier gehen wir nach links an der Radeberger Landstraße über die Prießnitzbrücke zum rechts abbiegenden Wanderweg nach Ullersdorf, auf dem wir der Prießnitz folgen. Über diesen Neuen oder Farbengrubenweg gelangen wir zur Breiten Furt und bleiben auf dem gelb markierten Weg, ehe wir an der nächsten Gabelung rechts in den Weißiger Weg (ab hier keine Markierung) einbiegen, auf dem wir bis zur Straße Bühlau-Ullerdorf gelangen und auf dieser links die Prießnitz nochmals querend zur Ullersdorfer Mühle (Todmühle - Restaurant). Hier haben wir wiederum Busanschluß nach Dresden(-Bühlau) oder Radeberg über Ullersdorf. Nun ist es schwierig, der Prießnitz weiter zu folgen. Wir wenden uns auf der Straße nach Weißig mit den Blicken der links liegenden Prießnitzaue zu, wo die Prießnitz uns vom Rossendorfer Teich (in ca. 4 km Entfernung) entgegenströmt. Auf der Straße »An der Prießnitzaue« erreichen wir die Ortsgrenze von Weißig und hier die Haltestelle Radeberger Straße (Bus Nr. 93), von wo aus wir nach Bühlau gelangen (bis Ullersdorfer Platz).

22 Die Degelequelle im Stechgrund

Tour 2
Von der Albertstadt zum Schloß Klippenstein - Eine Heidewanderung nach dem Radeberger Schloß (ca. 16 km)

Der Ausgangspunkt dieser West-Ost-Heidequerung ist wiederum die Straßenbahn-Haltestelle Diakonissenweg in der Neustadt (Linie 11), wo wir uns in landwärtiger Richtung links in die Forststraße wenden und auf dieser das Preußische Viertel durchqueren, um an der Nordstraße auf die weiterführende Marienallee zu treffen. Wir gehen an der links gelegenen Schule vorbei (früher stand hier das Freiherrlich-von-Fletchersche Lehrerseminar Marienallee 5, wo der Schüler Erich Kästner sein erstes Gedicht veröffentlichte - s. Stresow, »Auf den Spuren Erich Kästners in Dresden«). Wir erreichen die Stauffenbergallee und überqueren diese, um auf der Marienallee linksseitig das Areal der neuen Heeresschule der Bundeswehr zu erkennen. Hier durchqueren wir den an der Heide gelegenen Kasernengürtel Dresdens, der die Stadt einst zum größten Heeresstandort im Deutschen Reich werden ließ. Die etwas zurückgesetzte große Kaserne rechterhand war bis Juli 2002 als fast fünfzigjähriger Behelfsstandort Sitz der Sächsischen Landesbibliothek. Wir folgen dem markierten Wanderweg halbrechts und kommen zunächst an dem linkerhand liegenden sowjetischen Militärfriedhof vorbei, der 1945 hier angelegt wurde. Anschließend findet sich auf der rechten Seite der Nordfriedhof, hinter dem wir uns rechts haltend auf den alten Kannenhenkelweg bis zum ehemaligen schwarzen Kreuz begeben, um auf dem Kannenhenkel bis zum Königsplatz zu gelangen. Hier wenden wir uns rechts in den Rennsteig (unmarkiert), um auf diesem bis zur »Alten Fünf« zu gelangen. Auf diesem Weg kommen wir links zum Dresdner Saugarten mit dem Saugartenmoor, von wo aus wir auf dem Weg »Alte Acht« (markiert kann auch der

Weg »Alte Sieben« benutzt werden), um die Prießnitztalstraße zu erreichen. Nach Querung des Prießnitztals führt die »Alte Acht« zunächst unmarkiert, ab »Gänsefuß« dann mit grünem Strich markiert geradeaus nach Nordost (falls in der Prießnitztalstraße ein Abstecher zur Heidemühle genommen wurde, dann über Gänsefuß zurück zur »Alten Acht«). Zwischen Schneise 8 und 9 bleibt links in der Ferne die Hofewiese liegen. Nach Querung der Schneise 6 und des Ochsenkopfes kommen wir an den Dachsenberg (NAJU-Station), die höchste Erhebung der Dresdner Heide. Die dort befindliche Station erlangte in der friedlichen Revolution 1989/90 als Bunker des Ministeriums für Staatssicherheit der DDR publizistische Berühmtheit. Wir queren die Verbindungsstraße Langebrück-Ullersdorf (Schneise 5) und folgen der »Alten Acht«, kreuzen die Fahrstraße Langebrück-Radeberg (»Ankerweg«) und später den Nachtflügel, um auf der »Alten Acht« den von Langebrück kommenden Wanderweg bis zum Bahndamm der Bahnstrecke Dresden-Görlitz und an diesem entlang bis zur Bahnunterführung markiert ins Rödertal zu gelangen. Hier wenden wir uns kurz Richtung Talmühle, um dann rechterhand in den Weg »An den Leithen« am Rödertal entlang in die Innenstadt von Radeberg zu gelangen. Wir queren die Pulsnitzer Straße und über Nieder- und Obergraben sowie Hauptstraße wenden wir uns zum Markt und von diesem über die Schloßstraße zum Schloß Klippenstein (Museum), dem Ziel unserer Wanderung. Die Rückkehr kann ab Bahnhof Radeberg (erreichbar über Haupt-, Dresdner und Bahnhofstraße), mit dem Bus oder der VVO-Bahn erfolgen.

Nächste Seite: Das Wegenetz der Dresdner Heide (um 1960)

DRESDEN
KLOTZSCHE
BAD WEISSER HIRSCH
ELBE
Eierbusch
Stöckicht-wiesen
Geflügelfarm
Trobisch-B.
Deutsche Eiche
Bhf.
Bad
Waldpark
Schänkhübel
Rennsteigbrücke
Todbrücke
Meschwitzruhe
Wasserfall
Andersbrücke
Ludens Ruh
Sternplatz
Kannenhenkelbrücke
Lärchenblick
Königsplatz
Kellerbrücke
Kellerschlucht
Lynchschlucht
Küchenbrücke
Schwarzes Kreuz
Forstdenkmal
Schwedenbrücke
Kuhschwanzbrücke
Saugarten
Heidehof
zu Langebrück
Lösig-B.
Hofew
Margarethenpark
Fischhaus
Jägerpark
Heilstätte
Waldschlößchen
Wolfshügel
Wolfs-Hü
Saloppe
Lingner-park
Pionierpalast
Eckberg
Mordgrund
Sanatorium
Schanze
Prießnitz
Rennsteig
Todweg
Diebssteig
Kannenhenkel
Alter Kannenhenkel
Jungfernsteig
Bergweg
Alte Eins
Alte Zwei
Alte Drei
Alte Vier
Alte Fünf
Alte Sieben
Alte Acht
Kuhschwanz
Verlorenes W.
Blumenweg
Saugartenweg
Eisenbornbach
Gänsefuß
Loschwitzer Weg
Schwesternsteig
Mühlweg
Jägerhörnchen
Sandbrückenweg
Traubelweg
Runde Vier
Alte Sechs

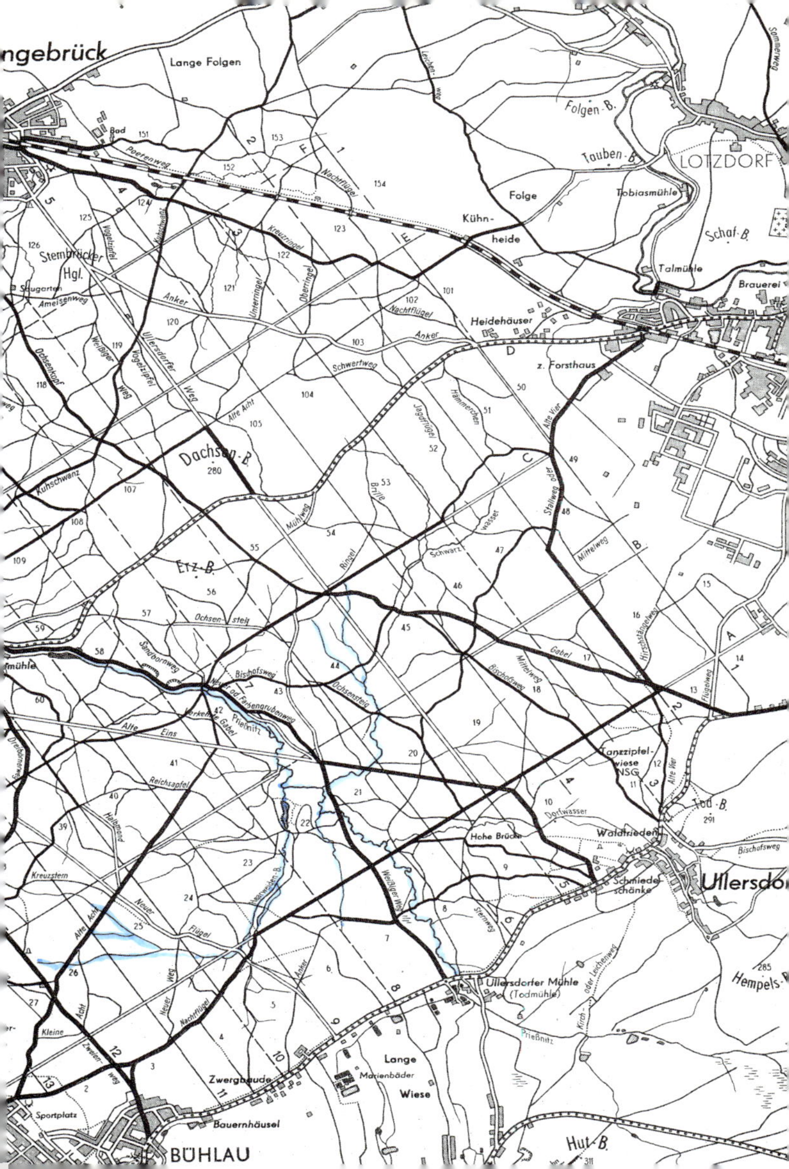

ngebrück
Lange Folgen
Bad
Poetenweg
Folgen-B.
Tauben-B.
LOTZDORF
Tobiasmühle
Folge
Kühn-
heide
Schaf-B.
Talmühle
Brauerei
Nachtflügel
Kreuzringel
Sternbrücker
Hgl.
Saugarten
Ameisenweg
Anker
Unterringel
Oberringel
Heidehäuser
z. Forsthaus
Schwertweg
Ochsenkopf
Ullersdorfer
Weg
Vogelzipfel
Alte Acht
Hämmerchen
Jagdflügel
Dachsen-B.
Kuhschwanz
Alte Vier
Stallweg oder
Mühlweg
Brille
Schwarz-
wasser
Mittelweg
Erz-B.
Ringel
Ochsen-
steig
Hirschstängelweg
Gabel
Flügelweg
Sandbornweg
Bischofsweg
Ochsensteig
Prießnitz
Alte Eins
Reichsapfel
Halbmond
Tanzzipfel-
wiese
NSG
Alte Wer
Tod-B.
Dorfwasser
Hohe Brücke
Waldfrieden
Bischofsweg
Kreuzstern
Schmiede-
schänke
Ullersdo
Weißiger Weg
Sternweg
Neuer
Flügel
Alte Acht
Ullersdorfer Mühle
(Todmühle)
Kirch- oder Leichenweg
Hempels-
Anker
Neuer
weg
Nachtflügel
Kleine
Zwelen-
weg
Lange
Marienbäder
Wiese
Zwergbaude
Sportplatz
Bauernhäusel
BÜHLAU
Hut-B.

Tour 3
Von Langebrück über Ullersdorf nach Weißig - Eine Nord-Süd-Durchquerung der Dresdner Heide (ca. 11 km)

Vom Bahnhof Langebrück aus gehen wir rechterhand am Bahndamm entlang über den Weg »Kreuzringel« bis zum »Nachtflügel« und auf diesem zur Radeberger Landstraße, die wir queren und auf der Schneise 1 zum Stallweg (Alte Vier) wandern. Auf diesem erreichen wir die Tanzzipfelwiese bei Ullersdorf. An dieser entlang gelangen wir nach Ullersdorf am Rande der Dresdner Heide. Wir gehen rechts in die Hauptstraße, um von dieser vor dem Gasthof Ullersdorf links in die Dorfstraße einzubiegen. Am Dorfteich vorbei biegen wir in die zweite Straße (Kirchweg) rechts ein, queren den Spielplatz und den Golfplatz (Vorsicht), um auf diesem Weg nach Weißig zu gelangen. Hier erreichen wir die Bushaltestelle »Zum Hutbergblick« der Linie 93 und können von hier mit dem Bus nach Bühlau (Ullersdorfer Platz) fahren, wo es Anschluß an die Straßenbahnlinie 11 und die Buslinie 61 gibt.

Tour 4
Vom Prießnitztal nach Weixdorf - Eine Durchquerung des nördlichsten Zipfels der Dresdner Heide (ca. 12,5 km)

Ausgangspunkt sind der S-Bahnhof Klotzsche oder die Straßenbahnhaltestelle »Zur Neuen Brücke« in Klotzsche. Wir biegen in den Nesselgrundweg ein und gelangen unter der Eisenbahnbrücke hindurch zur Prießnitztalstraße, in die wir nach links einbiegen. Auf der Höhe des Waldbades Klotzsche zweigen wir wiederum links in den Methflüßchenweg ab und gelangen auf diesem zum Bergweg, wo wir links einen Abstecher zum Silbersee unternehmen können. Wir bleiben auf dem Bergweg, um kurz vor Langebrück links in den Hakenweg einzubiegen, auf dem wir die Langebrücker Straße queren und zum Bahndamm kommen, ehe wir über die »Alte Zehn« den Heiderand bei Langebrück erreichen und diesen entlang zu den Rieseneichen kommen. Von dort geht es wieder in die Dresdner Heide zum Friedersdorfer Weg und rechts auf diesem zum Waldbad Weixdorf, an dem vorbei wir zur Endhaltestelle der Straßenbahnlinie 7 gelangen, um wieder nach Klotzsche zum Ausgangspunkt zurückzukehren.

Tour 5
Durch die Junge Heide zum Waldpark Klotzsche - Eine Stadtrandwanderung vom Wilden Mann nach Hellerau und Klotzsche (ca. 9 km)

Von der Endhaltestelle Wilder Mann der Straßenbahnlinie 6 gehen wir die Großenhainer Straße entlang den Weg links der Straße nutzend unter der Autobahnbrücke hindurch und von hier an der Moritzburger Landstraße (Waldweg) zum Heidefriedhof, an dessen Eingang wir uns rechts die Straße querend nach dem Wilschdorfer Busch wenden und am Boxdorfer Weg entlang wandern. Später geradeausgehend erreichen wir über den Weg »Am Buscherberg« den Oltersteinweg und hier den Olterteich mit den Oltersteinen (vgl. M. Seurig, »Von den Hellerbergen zum Lößnitzgrund«). Wir folgen dem Weg bis zur Radeburger Straße und gehen rechts auf dieser nach der Unterquerung der Autobahn, biegen dahinter links in den Augustusweg ein, um am ehemaligen Hellergut vorbei den Wanderweg durch die Hellerberge mit einem Blick auf die Stadt zu nutzen. Wir folgen links dem Wanderweg (roter Punkt) und erreichen über die »Grüne Telle«

den Pillnitz-Moritzburger Weg in Hellerau. Wir durchqueren die Gartenstadt (vgl. H. Gerlach, »Kleiner Führer durch die Gartenstadt Hellerau«) über die Straßen (links) »Am Pilz», »Auf dem Sand», nach rechts im Heideweg über die Straßen »Am Talkenberg« und »Am Sonnenhang« zum Markt Hellerau, den wir hin zum »Gräbchen« queren, an dessen Ende wir uns rechts über die Karl-Liebknecht-Straße zum Friedhof wenden und links an diesem vorbei auf die William-Shakespeare-Straße gelangen. Diese wandern wir über die Greifswalder Straße fortführend bis zur Königsbrücker Landstraße. Nachdem wir diese gequert haben, betreten wir den Rennsteig im Waldpark Klotzsche und gehen an der Kurwiese entlang den querenden Wanderweg (grünes Band) nach links folgend z-förmig durch den Waldpark, um an den Ausgang des Nesselgrundweges zu gelangen, wo wir die Königsbrücker Landstraße mit der Straßenbahnhaltestelle »Zur neuen

23 Das alte Fischhaus in der Dresdner Heide

Brücke« (Linie 7) erreichen. Von hier aus gelangt man auch rechts über die Straße »Zur Neuen Brücke« zum S-Bahnhof Klotzsche, um von hier zur Innenstadt zurückzukehren.

Tour 6
Vom Waldschlößchen nach Langebrück (ca. 10,5km)

Ausgangspunkt der Wanderung ist die Haltestelle Waldschlößchen der Straßenbahn (Linie 11, ebenso Buslinie 91). Wir gehen in landwärtiger Richtung links bis zur Freitreppe, über die wir zur Plattform der Biergartenterrasse des Gasthauses »Brauhaus am Waldschlößchen« gelangen. Hier hat man einen schönen Blick auf die Stadtsilhouette. Wir gehen rechts am alten Gebäude der Waldschlößchen-Brauerei vorbei zur Straße »Am Brauhaus« und halten uns links, um wiederum links einen Blick auf das alte Brunnenhaus zu werfen und dann rechts in den Sudhausweg einzubiegen, an dem die alten Pferdeställe für die Brauereipferde (heute Büros) stehen. Auf diesem Weg gelangen wir zum Historischen Waldschlößchen auf einem kleinen Hügel. Die dahinter links liegende Charlottenstraße queren wir und gehen weiter zum Wohngebiet »Am Jägerpark«. Rechts an den Hochbehältern der DREWAG vorbei gelangen wir zur Fischhausstraße, wo wir auf dem Waldweg entlang der Radeberger Chaussee zum Parkplatz an der Steinbrücke am Pillnitz-Moritzburger Weg zu den Oberen Fischmannsteichen kommen. Hier gehen wir über die Radeberger Landstraße links zur Schneise 18 (»Schwedenschanze«) und dann auf dem Weg »Alte Vier« weiter, um nach Überquerung der Schneise 17 links in den Weg »Kreuz Sieben« einzubiegen. Bei Schneise 16 halbrechts über die Gabel bis zum Königsplatz gelangend (s. Route 2) geht es rechts über den Kannenhenkel zum

Prießnitzgrund (s. Route 1). Wir überqueren die Kannenhenkelbrücke und gehen am Steingründchenwasser entlang zur Hofewiese (Gasthaus, z. Zt. nicht in Betrieb). Wir folgen der ausgebauten Straße (Gänsefuß), um dann rechts über den zweiten Hutungsweg zum Langebrücker Saugarten zu gelangen. Hier benutzen wir den Wanderweg Richtung Langebrück (gelber Strich) und gehen am Ortsrand bis zum Eisenbahndamm, um an diesem entlang bis zum Bahnhof zu gelangen (Rückfahrt nach Dresden).

Route 7
Durch den Albertpark - Eine kulturhistorische Wanderung durch den ältesten Stadtwald Dresdens (ca. 4 km)

Der Ausgangspunkt für die Wanderung (vgl. K. Bräuning, »Der Albertpark zu Dresden«) ist die Straßenbahnhaltestelle »Mordgrundbrücke« der Linie 11. Wir überqueren die Straße und gehen neben dem alten Holzwartehäuschen über den Waldweg an der Kentaur-Figur vorbei auf dem gewundenen Weg über den Bärenhügel zum Wolfshügel. Als Abstecher wird der Abstieg über den Schlangenweg zum interessanten König-Albert-Obelisk und der Weg zurück zum Wolfshügel empfohlen. Ansonsten wenden wir uns gleich nach rechts in den Flügel C und gelangen links über die Schneise 17 zur Luthereiche und den Margarethenpark. Von hier geht es über die »Alte Acht« zum Pillnitz-Moritzburger Weg und auf diesem rechts zum Parkplatz an den Oberen Fischmannsteichen. Wir gehen zurück zum Schotengrund und benutzen diesen bis zur Höhe des Fischhauses (Gasthaus), wo wir eine Rast einlegen können. Zurück in den Schotengrund wandern wir bis zum Waldspielplatz und am Wildgehege vorbei über den Fischhausweg bis zur Einmündung der Wilhelminenstraße in die

Bautzner Straße. Hier können wir entscheiden, ob wir an der Straßenbahn-Haltestelle Wilhelminenstraße die Linie 11 nehmen oder die Anregungen im ersten Teil der Route 8 benutzen, um entweder die Elbhangschlösser zu besuchen oder in umgekehrter Richtung über die Brockhausstraße und den Körnerweg zum Waldschlößchenareal zu gelangen.

Route 8
Vom Waldschlößchen nach Bühlau - Eine Wanderung auf den Höhen am Rande der Großstadt (ca. 5,5 km)

Wir beginnen unseren Weg (s. Route 6) an der Straßenbahnhaltestelle Waldschlößchen (Linie 11; Bus 91) und wenden uns, sofern wir das Waldschlößchenareal schon gesehen haben (sonst s. Route 6), vom Aussichtspavillon rechts der Straße (nach einem ausgiebigen klassischen Blick auf die Silhouette der Stadt) in landwärtiger Richtung zur Elbe, um am Elbufer über den Körnerweg elbaufwärts zur Mündung des Eisenbornbaches (mit künstlichem Wasserfall bei ausreichender Wasserführung) und der Einmündung der Brockhausstraße am alten Wasserwerk Saloppe zu gelangen. Hier können wir einen Abstecher nach Schloß Albrechtsberg unternehmen, wenn wir die Brockhaus-Straße (links die Villa Brockhaus) bis zur Bautzner Straße und von dieser in den Park des Schlosses gehen (s. R. Köhne, »Die Albrechtschlösser zu Dresden-Loschwitz«). Wir gehen vorbei an der Elbseite und den die Elbschlösser abgrenzenden hohen Umfassungsmauern (die der großen Flut 2002 getrotzt haben) bis zur Einmündung des (Stech-) Mordgrundbaches, der wiederum als künstlicher Wasserfall aus der Stützmauer in die Elbe strömt. In dieser Stützmauer befindet sich ein Gedenkstein für den Oberlandbaumeister Wolf Caspar von Klengel. Wir wenden uns links in den Eingang des Heilstättenweges und folgen diesem bis hinauf zur Schevenstraße. Links liegt über dem Mordgrund der Park des Schlosses Eckberg, während sich rechterhand Dinglingers Weinberg mit dem Weinberghäuschen und seinem Landhaus (Schevenstr. 59) befindet. Wir wandern am Mordgrund entlang auf der Wunderlichstraße bis zur Schillerstraße und gehen links zur Bautzner Straße, überqueren die Mordgrundbrücke und biegen rechts in den Stechgrund ein, wo wir an einem Steinbruch vorbeikommen. Wir folgen dem Grund rechtsseitig des Wassers und erblicken über dem Bach Teile des verwahrlosten Lahmannschen Sanatoriums, das von 1945 bis 1992 als Lazarett der Roten Armee benutzt wurde. Wir kommen an der Schwestern- und der Degelequelle vorbei und kreuzen den Diebssteig. Rechterhand finden wir den Kurpark (Waldpark), ehe wir den HG-Weg erreichen, über den wir das Mordgrundwasser queren und der Markierung zu den Bühlauer Waldgärten (hier auch Gaststätte) folgen, wobei wir rechterhand das Klinikum Weißer Hirsch des Krankenhauses Dresden-Neustadt erkennen. Wir folgen dem Heideflügel bis zum »Verkehrten Anker« und auf diesem bis zum Stausee des Haarweidebaches, den wir umrunden. An der Südseite erreichen wir über den Reichsapfelweg den Weißiger Weg, auf dem wir zur Straße Bühlau-Ullersdorf gelangen. Hier läßt sich in der östlich gelegenen Ullersdorfer Mühle (Todmühle) eine Pause einlegen, ansonsten wenden wir uns nach links und gehen auf dem Wanderweg neben der Staße über die Schattenwiese zurück nach Bühlau, um an der Endhaltestelle am Ullersdorfer Platz die Straßenbahn zu erreichen.

Literatur

1. Schäfer, Th.: Die Dresdner Heide. in: »Bunte Bilder aus dem Sachsenlande«; Bd. 3, Leipzig, Sächsischer Pestalozzi Verein 1903, S. 83
2. Meschwitz H.: Geschichte der Dresdner Heide und ihrer Bewohnerschaft. Dresden, Verlag C. Heinrich 1911
3. Herschel, M.: Eine Heidewanderung nach dem Radeberger Schlosse (Geschichtliche Wanderfahrten Nr. 12) Dresden, Verlag C. Heinrich 1931
4. Koepert, O. u. Pusch, O. (Hrsg.): Die Dresdner Heide und ihre Umgebung, Dresden, Verlag C. Heinrich 1932
5. Arldt, Th.: Die Dresdner Heide. (Unser Wanderheft Nr. 9) Leipzig, Bibliographisches Institut 1953
6. Wotte, H. und Wild, K.-H.: Dresden (Heimat- und Wanderbuch Nr.5) Leipzig, Bibliographisches Institut 1956
7. Wotte, H.: Die Dresdner Heide (Unser kleines Wanderheft 9) Leipzig, Bibliographisches Institut 1962
8. Lehmann, E. et al.: Lößnitz und Moritzburger Teichlandschaft (Werte unserer Heimat, Bd. 22) Berlin, Akademie-Verlag 1973
9. Lehmann, E. et al.: Dresdner Heide, Pillnitz, Radeberger Land (Werte unserer Heimat, Bd. 27) Berlin, Akademie-Verlag 1976
10. Hahn, A./Neef, E.: Dresden (Werte unserer Heimat, Bd. 42) Berlin, Akademie-Verlag 1984
11. Ruttkowski, M.: Historische Zeichen und Wege der Dresdner Heide. Dresden, Kulturbund 1987
12. Hardtke, H.-J./Hertel, R.: Pflanzen und Tiere der Dresdner Heide. Dresden, Staatliches Museum für Tierkunde, 1987
13. Wächter, A.: Landschaftsplan Dresdner Heide. Dresden, Rat der Stadt 1987
14. Druschke, E./Fraulob, U.: Dresdner Heide u. Seifersdorfer Tal. (Historischer Wanderleitfaden 2) Dresden, Starke u. Sachse 2000
15. Seurig, M.: Von den Hellerbergen zum Lößnitzgrund. 2. Aufl. Dresden, Hellerau-Verlag 1999
16. Sarfert, H.-J.: Hellerau - Die Gartenstadt und Künstlerkolonie. 4. Aufl. Dresden, Hellerau-Verlag 1999
17. Köhne, R.: Die Albrechtschlösser zu Dresden-Loschwitz. 2. Aufl. Dresden, Hellerau-Verlag 2000

18. Umweltbericht »Natur und Landschaft«. Dresden, Stadtverwaltung, Amt für Umweltschutz 2001
19. Bräuning, K.: Der Albertpark zu Dresden. Dresden, Hellerau-Verlag 2001
20. Gerlach, H.: Kleiner Führer durch die Gartenstadt Hellerau. 2. Aufl. Dresden, Hellerau-Verlag 2001
21. Stresow, M.: Auf den Spuren Erich Kästners in Dresden. 4. Aufl. Dresden, Hellerau-Verlag 2002

Pläne und Karten

Topographische Sonderkarten Sachsen: Dresdner Heide. Ausgabe mit historischen Waldzeichen. Dresden Landesvermessungsamt 1991

Topographische Sonderkarten Sachsen: Dresdner Heide, Seifersdorfer Tal. Blatt 36. Dresden, Landesvermessungsamt Sachsen1993

Dresdner Heide 1:15000. Wander- und Heimatkarte mit Reit-, Wander- und Radwegen. Dresden, Sachsenkartographie 2000

Wander- und Radwanderkarte Dresden und Umgebung 1:50000. Mit Dresdner Heide, Tharandter Wald, Moritzburg, Meissen. Mit touristischen Informationen, Ausflugszielen und Sehenswürdigkeiten in Text/ Bild, Citykarten 1:10000 von Dresden und Meissen. Panitzsch, Barthel 2000

Radwander- und Wanderkarte Moritzburger Teichgebiet und Umgebung 1:20000. Radeln und Wandern zwischen Dresdner Heide und Weinböhla, mit touristischen Sehenswürdigkeiten und Ausflugszielen in Text und Bild. Panitzsch, Barthel 2002

HELLERAU-VERLAG DRESDEN GMBH
Königstraße 12, D-01097 Dresden
Tel. 0351/8035293
Fax 0351/8260130
email: info@hellerau-verlag.de
Internet: http://www.hellerau-verlag.de